Vision und Wirklichkeit

Das Frankenhausener Geschichtspanorama von Werner Tübke

Gerd Lindner

VISION UND WIRKLICHKEIT

Das Frankenhausener
Geschichtspanorama von
Werner Tübke

Panorama Museum
Bad Frankenhausen

Umschlagabbildung (Ausschnitt) und Beilage:
Werner Tübke, »Frühbürgerliche Revolution in Deutschland«, 1983–87,
Öl auf Leinwand, 14 x 123 Meter,
Panorama Museum Bad Frankenhausen

Frontispiz: Werner Tübke vor der Leinwand in Bad Frankenhausen

Farbaufnahmen: Dieter Leistner, Würzburg
Porträtfoto: Viola Boden, Leipzig

Satz und Gestaltung: Christopher Kunz, Leipzig
Reproduktion: Förster & Borries GmbH, Zwickau
Druck und Verarbeitung: Color-Druck Zwickau GmbH & Co. KG

2. aktualisierte Auflage

Printed in Germany

ISBN 978-3-938049-07-5

Hoch über den Dächern der tausendjährigen Stadt, auf der Kuppe des Frankenhäuser Schlachtberges, steht ein einzelner, monumentaler Rundbau. Gleich einem riesigen Säulenstumpf ragt er aus dem blutgetränkten Boden dieses Ortes, der vor 500 Jahren deutsche, ja europäische Geschichte geschrieben hat. Im Inneren des Baus zieht ein gewaltiges Rundbild magisch in seinen Bann: das Epochengemälde »Frühbürgerliche Revolution in Deutschland«.

Es ist ein spektakuläres Gemälde, ein in heutiger Zeit geradezu unglaubliches Werk. Hunderte vielfach lebensgroß scheinende Figuren in allen nur denkbaren Situationen und Handlungen bevölkern das Riesenrund der mehr als 1700 Quadratmeter großen Leinwand, die sich in der Art eines historischen Panoramas rings um den Betrachter entfaltet. 14 Meter misst die Höhe des Bildes, 123 Meter sein Umfang. Entstanden ist es – Vorarbeiten eingerechnet – in reichlich elf Jahren von 1976 bis 1987, und zwar von der Hand eines der bedeutendsten deutschen Maler und Zeichner der zweiten Hälfte des 20. Jahrhunderts: Werner Tübke, geboren 1929 im mittelelbischen Schönebeck, gestorben 2004 in Leipzig.

Wie aber kam es dazu? Was war der Anlass zu einer so groß angelegten, einmaligen Unternehmung, noch dazu in höchstem Regierungsauftrag, einem Projekt, zu dem es in der heutigen Kunst wohl kaum etwas Vergleichbares gibt? Und was genau ist der Inhalt des Bildes, was bedeuten all die Szenen und Figuren, was überhaupt ist hier dargestellt?

Wir wollen versuchen, auf diese und andere Fragen eine Antwort zu finden. Doch muss sogleich eine Einschränkung gegeben werden, denn es wird unmöglich sein, alle Aspekte des Bildes in gleicher Ausführlichkeit zu behandeln, ja überhaupt eine auch nur annähernd gültige Vorstellung von der ganzen Komplexität und Gedankenfülle dieses Bildwerkes zu vermitteln. Das hat mehrere Gründe. Zum einen würde es entschieden den Rahmen dieses Buches sprengen, wollte man die nahezu unüberschaubare Vielzahl an Details, die sich dem Auge bieten, auf alle ihre Bedeutungsschichten hin untersuchen. Schon in einer einzigen Figur können sich nämlich zwei oder – wie wir sehen werden – gar noch mehr Aussagewerte überlagern, durchdringen und gegenseitig befruchten. Zum anderen handelt es sich um ein Kunstwerk, nicht um ein eindeutig und ohne Rest in Worte zu fassendes historisches Manifest. Es ist kein intellektuelles Bilderrätsel, das mit Hilfe sachkundiger Erklärung vollkommen zu lösen ist, auch wenn das offenkundig wohldurchdachte Geflecht der einzelnen Szenen und Motivgruppen dies nahelegt, sondern Malerei, ein letztlich also nur über den Augensinn erfahrbares und dennoch auch geistig verdichtetes Schauangebot, das gleichwohl der Interpretation bedarf. Jeder Betrachter wird das Bild mit seinen Augen sehen. Was der eine als Erhaben empfindet, kann dem anderen als absolut bedrückend erscheinen. Kunstbetrachtung ist ein höchst subjektives Erlebnis, ist Empfindung, ästhetisches Urteil und auch Wertung. Ein Kunstwerk wird letztlich immer unausschöpfbar bleiben. Es offenbart sich dem Betrachter selbst bei wiederholter Auseinandersetzung immer wieder neu und mit anderem Gewinn. Das ist keine Frage des Formats, sondern allein der künstlerischen Qualität, der Magie einer Bild gewordenen Schöpfung. Mehr noch, wahrhafte Kunst wird immer ihr Geheimnis bewahren. Oder wer wollte wohl von sich behaupten, ein Kunstwerk, und sei es noch so klein, ein für allemal wirklich vollkommen verstanden zu haben?

Was aber bedeutet überhaupt, ein Kunstwerk zu *verstehen*? Ist es das Vermögen, das Dargestellte verbal beschreiben und seine bildhafte Bedeutung benennen zu können? Ist es die Antwort auf die viel gestellte Frage, was der Künstler mit seinem Bild wohl hat sagen wollen? Doch was, wenn der Künstler sich selbst nicht äußert? Schon Goethe hatte gefordert: »Bilde, Künstler, rede nicht!« Auch Werner Tübke hat – trotz einer Vielzahl von Selbstaussagen zu seinem Vorhaben in Frankenhausen – letztlich keine großen Erklärungen zu Inhalt und Bedeutung seiner Malerei gegeben. »Die gedankliche und emotionale Fülle des Gemäldes«, so der Künstler vielmehr 1985 in einem offenen Arbeitsbericht, »wird sich den Betrachtern in dem Maße erschließen, wie sie sich über eine Auffassung zu erheben vermögen, die das Bild lediglich als eine historische Lehrtafel begreift.« Mehr noch: »Die Szenen, die entstanden, hatten stets einen unmittelbaren Kontakt mit meinem persönlichen Alltag. Wenn mir nach der Darstellung einer Geißelung zumute war, dann habe ich eine Geißelung gezeichnet, oder eine Versuchung … Auf diese Weise wird von Anfang an das gesamte Bildvorhaben sehr intim mit dem Lebensalltag verbunden.« Wie er mehrfach betont hat, sei das fertige Werk fast auch so etwas wie ein riesiges Tagebuch geworden, »Persönliches, eingekleidet in andere Gewänder«.

Dem gegenüber steht der Anspruch, eine ganze Epoche in all ihren widerstreitenden Facetten ins Bild zu setzen mit dem Ziel, »eine der Würde des Geschichtlichen und der Ereignisfülle entsprechende, visuell überzeugende und fesselnde Formgestalt zu entwickeln«, so der Maler. Dazu musste er sich natürlich sachkundig machen, und zwar weit über eine gute Allgemeinbildung hinaus, er musste Historiker konsultieren und erst einmal uferlos Fachliteratur studieren, um »historisch ganz exakt in die Tiefe zu gehen«, wie er sagte. Dabei hatte er – ständig auf der Suche nach Bildern, nach Ideen, nach Einfällen – sofort auch künstlerisch zu arbeiten begonnen, »erst behutsam sachklärend, dann zusammenhängend fabulierend«. Später bekannte er gar, dass ihm diese Phase der Arbeit, das, was er gern Stofferkundung oder Motivanreicherung nannte, im Nachhinein selbst rätselhaft erschien: »Es war, im Gegensatz zu meiner sonstigen kunstgeschichtlichen Arbeit, nie wissenschaftliche Arbeit im eigentlichen Sinn, vielmehr träumte ich mich durch die Texte durch, nahm vieles nur ins Kurzzeitgedächtnis, zeichnete Figurengruppen, vergaß streckenweise völlig das Ziel. Fragmente fanden später an geeigneter Stelle ihren Platz.« Wenn man hinzunimmt, dass dieses riesige Bildwerk ganz ohne stützenden Kompositionsentwurf in einem einzigen, zunehmend ins Fließen geratenen Schaffensrausch von noch nicht einmal zwei Jahren (von April 1979 bis Januar 1981) konzipiert, das heißt im Maßstab 1:10 zeichnerisch angelegt und in Eitempera farbig untermalt, in seinem gesamten Figurenprogramm also weitgehend verbindlich entwickelt worden ist, wird auch der in bildnerischen Dingen weniger kundige Betrachter eine Ahnung bekommen von dem letztlich unerklärbaren Mysterium künstlerischer Schöpfung. Wie der Maler offen gestand, wusste er noch nicht einmal, was für Figuren er am nächsten Tag wohl würde malen werden. Den allgemeinen Rhythmus des Werkes hatte er nach eigenem Bekunden zwar im Kopf, das Abenteuer der Bilderfindung wollte er sich jedoch bis zum Schluss erhalten. Und so bekräftigte er im Nachhinein wieder und wieder: »Unter ständiger Berücksichtigung historischer Tatbestände, Zusammenhänge und grundsätzlicher Gliederung überließ ich mich knapp drei Jahre lang Visionen des Augenblicks, ich hatte ja Geschichtseindrücke die Menge gespeichert und durfte, mußte ganz persönlich arbeiten. Die Zwölfmeterdreißig [die Modellfassung in zehnfacher Verkleinerung, G. L.] wurden Tagebuch. Die Arbeit ging mühelos vonstatten.«

Wie aber ist diesem Bild dann überhaupt beizukommen? Gibt es eine Möglichkeit der Annäherung, die zu einem Verständnis des Dargestellten führt, ohne ein ausgewiesener Experte zu sein oder sich im Labyrinth spitzfindiger Deutungen zu verlieren?

Zunächst sei der Rat gestattet, seinen Augen zu trauen und voll und ganz auf die eigene Empfindung zu bauen. Dank der Gestaltungskraft des Malers ist es nämlich möglich, das Wesentliche des Bildes zu erfassen, ohne ständig Bildungsnachweise zum Thema erbringen zu müssen oder ohnehin nur wenig aufschlussreiche Details aus dem Leben des Künstlers hinzuzuziehen. Selbst derjenige, der keine weitere Kenntnis vom stofflichen Hintergrund des Bildes hat, kann auf einer sehr allgemeinen, grundsätzlichen Ebene einen Eindruck vom Geschehen gewinnen und eine Vorstellung vom Bedeutungsgehalt der Malerei entwickeln. Voraussetzung sind ein empfindsames Auge und die Bereitschaft, sich unverstellt auf diese düstere, magische Welt aus Formen und Farben gedanklich wie emotional einzulassen. Bei konzentrierter, verständiger Betrachtung wird sich dann auch Schritt für Schritt der jeweils zugrunde gelegte Aussagewert einer Figur, einer Szene, eines Zeichens offenbaren. Werner Tübke ging es stets darum, konkrete Sachverhalte, sei es aus dem geschichtlichen Zusammenhang, sei es aus seiner ganz persönlichen, privaten Lebenssphäre, auf ihren allgemein menschlichen Kern zurückzuführen oder – wie er gelegentlich sagte – mit seiner bildnerischen Arbeit

»archethematisch auf den Grund vorzustoßen, ›zu den Müttern‹ zu gehen«, mit anderen Worten, die Fülle des Seins auf die ganz wenigen wirklich existentiellen Grundmuster des Lebens wie Liebe, Hass, Geburt oder Tod zu projizieren. Im Veränderlichen hat er stets auch das Bleibende gesucht, um Grundsätzliches zu veranschaulichen. Um stimmige, überzeugende Bildfabeln ging es ihm, die in der künstlerischen Form tiefer liegende Sinnschichten offenbaren, also sichtbar machen können.

Daneben gibt es natürlich eine historische Sinnebene, die zu finden und zu verstehen tatsächlich speziellere Kenntnis erfordert. Doch der Künstler hat auch hier eine so einfache wie überzeugende Lösung gefunden, dem Betrachter Wege zu weisen. Stil und Motivik des Bildes sind der dargestellten Zeit entlehnt. Das Formklima der Malerei *stimmt* und suggeriert, dass hier Geschichte objektiv, also in ihrem wirklichen Verlauf, wiedergegeben ist. Das dem bei einer derart persönlichen Bilderfindung nicht so sein kann, ist indes selbstverständlich. Aber der Künstler hat sich kundig gemacht, und zwar in einem Maß, dass ihm die Universität Leipzig im Dezember 1985 gar die Würde eines Ehrendoktors der Philosophie verlieh. Immer wieder stößt man auf Figuren und Motive, die man schon einmal gesehen zu haben meint. Und in der Tat: Nicht nur der malerische Stil, auch die übergroße Mehrheit der Akteure, ja ganze Szenen und Figurengruppen sind Zitate nach Bildquellen jener Epoche, der Wende vom Spätmittelalter zur frühen Neuzeit. Das hat nichts mit mangelnder Erfindungsgabe oder Schöpferkraft zu tun, sondern ist konzeptionelle Methode. Stil- und Motivzitat geben der Erfindung des Künstlers vielmehr ein besonderes Maß an Authentizität. Worauf hätte Werner Tübke sich im Übrigen sonst auch stützen sollen? Die Bildwelt jener Zeit bot ihm die einzige Gewähr, den Geist, das Klima, ja die Wirklichkeit dieser Umbruchsphase deutscher und europäischer Geschichte tatsächlich glaubhaft einzufangen. Die Figuren im Bild sind mithin historische Figuren, Kunstfiguren, die in eine neue Rolle gebracht sind, um die Geschichte noch einmal, und zwar ganz nach Maßgabe des Welt- und Geschichtsbildes von Werner Tübke, aber auch mit einem Höchstmaß an Wahrscheinlichkeit auf der Bühne der Kunst zur Aufführung zu bringen. Insbesondere auf die populäre Flugblattgrafik der Reformationszeit hat der Künstler dabei zurückgegriffen, das bevorzugte Medium handfester aktueller Auseinandersetzungen zwischen den verschiedenen religiösen, politischen und sozialen Kräften im frühen 16. Jahrhundert. Es sind oft sogar anonyme Holzschnitte, Bilder von künstlerisch vielfach minderer Qualität, verbunden mit einem Motto und kurzen Texten, die Tübke hier als Motivreservoir herangezogen hat. Das Einschmelzen unterschiedlichster Vorlagen in ein neues homogenes Bildganzes gehört zu den frappierendsten Leistungen dieses methodischen Konzeptes. Es gibt Einzelfälle, bei denen das Zitat sofort auch als solches erkannt werden will. In der Regel wird es dem Betrachter in seinem Ursprung zunächst jedoch verborgen bleiben. Erst die intensive Beschäftigung mit dem Bildvokabular jener Zeit wird erlauben, die Quelle des Motivs ausfindig zu machen und so die Bedeutung, die die einzelne Figur in der Vorlage hatte, in die Interpretation des Panoramagemäldes mit einzubeziehen. Das ist eine spannende und anspruchsvolle Aufgabe, die neben historischen vor allem auch kunsthistorische Kenntnisse verlangt. Der Gewinn indes ist unvergleichlich, gestattet solches Quellenstudium doch erst, die eigentliche, tiefere Bedeutungsebene dieser Bildwelt im Wechselspiel von Anschauung und Wissen genauer zu ergründen. Hier erst erweist sich das Panoramagemälde von Bad Frankenhausen auch als ein höchst komplexes allegorisches Historienbild, dessen Entstehung sich tatsächlich einem sehr konkreten geschichtlichen Ereignis verdankt.

Im Mai 1525 war der Frankenhäuser Schlachtberg Schauplatz der blutigen Niederschlagung einer der bedeutendsten Bauernerhebungen des Spätmittelalters in Deutschland, des Bauernkrieges in Thüringen, der sich keineswegs nur auf das Landvolk (wie der Begriff nahelegt) erstreckte, sondern auch Städtebürger und sogar Teile des niederen Adels erfasste. Tausende von Aufständischen hatten sich vor den Toren der Stadt versammelt, um Recht und Freiheit wie soziale und wirtschaftliche Besserung notfalls mit Waffengewalt zu erzwingen. Unter ihnen befand sich auch der radikale Prediger und »Endzeitprophet« Thomas Müntzer. Zunächst noch Anhänger Luthers, hatte er eine ganz eigene Glaubensauffassung und Obrigkeitslehre entwickelt, die ihn notwendig in schroffen Gegensatz zu den Wittenberger Reformatoren bringen musste. Mystisches Denken verband sich bei ihm mit einer sehr realen Endzeiterwartung und der Hoffnung auf den baldigen Anbruch eines ewigen Gottesreiches auf Erden, also mit apokalyptisch-eschatologischen Gedanken. Mehr noch: Müntzer war Chiliast. Als »Knecht Gottes wider die Gottlosen« sah er die Zeit für gekommen, das Gericht des Herrn endlich zu vollziehen und das Gottesreich der Auserwählten, des armen gemeinen Mannes, aufzurichten. Von radikalem Sendungsbewusstsein getrieben forderte er die Aufständischen von Frankenhausen noch unmittelbar vor der Schlacht kompromisslos zum Kampf gegen die gottlose Obrigkeit. Doch die Schlacht endete in einer Katastrophe. In einem beispiellosen Gemetzel der fürstlichen Söldner fanden die meisten der Empörer ihren Tod. Die Überlieferung spricht von mehr als 6000 Opfern. Das Desaster von Frankenhausen bedeutete das Ende des Bauernkrieges in Thüringen. Und auch Müntzers Schicksal erfüllte sich hier. Unmittelbar nach der Schlacht vom 15. Mai wurde er in der nahen Stadt gefangen genommen, in Heldrungen gefoltert und schließlich wenige Tage später, am 27. Mai 1525, vor den Mauern der freien Reichsstadt Mühlhausen hingerichtet.

Aus dem Bedürfnis nach historischer Legitimation ergab sich die hohe Wertschätzung, die diese Ereignisse im Geschichtsverständnis der DDR erfuhren. So wurde mit

Blick auf den 450. Jahrestag der Bauernerhebungen von 1524/25 Anfang der siebziger Jahre des letzten Jahrhunderts der Beschluss gefasst, am Ort jener Entscheidungsschlacht eine Gedenkstätte zu errichten, die dem Thüringer Aufstand als Höhepunkt des deutschen Bauernkrieges und Thomas Müntzer als dessen zentraler Gestalt gewidmet sein sollte. War zunächst an ein mehr oder weniger umfassendes Revolutions-Panorama im Sinne eines vor allem historisch ausgerichteten Monuments gedacht worden, so bedeutete die 1976 erfolgte Auftragsübernahme durch den Leipziger Maler und Akademieprofessor Werner Tübke eine klare, wenn auch diskussionsreiche und nicht immer vorbehaltlos akzeptierte Orientierung auf eine rein künstlerische Lösung. Nach einer ersten Phase intensiven Quellenstudiums, in der bereits eine Vielzahl von zeichnerischen und druckgrafischen Vorarbeiten wie auch ein knappes Dutzend eigenständige Gemälde entstanden, schuf der Künstler eine maßstäbliche 1:10-Fassung des geplanten Bildwerkes (1979–81), dessen Endausführung auf dem Frankenhäuser Leinwand-Rund im Sommer 1983 begann. Von Anbeginn entwickelte Werner Tübke dabei eine komplexe Sicht auf die Gesamtheit jener Umwälzungsprozesse Anfang des 16. Jahrhunderts, die im Geschichtsverständnis des Auftraggebers allgemein mit dem Theoriebegriff »Frühbürgerliche Revolution in Deutschland« umschrieben wurden. Nach längerer, kontroverser Diskussion der Grundidee des gesamten Vorhabens lautete schließlich so auch der Titel des Auftrages, erteilt vom damaligen DDR-Kulturministerium. Mit einem Höchstmaß an zugestandener Eigenverantwortlichkeit wollte der Künstler nach eigenen Worten nichts Geringeres als »die metaphorische Interpretation einer ganzen Epoche« versuchen – ihrer sozialökonomischen Bedingungen wie geistigen Vorstellungswelt überhaupt.

In dem bis Oktober 1987 währenden, knapp zwölfjährigen Schaffensprozess entstand mit kollektivem Geist alter Bauhüttengesinnung letztlich jedoch eine ganz persönliche Bilderfindung von Werner Tübke, ein Zeitbild menschlichen Verhaltens als Modellfall der Geschichte, das im Spiegel eigener Befindlichkeiten die treibenden Kräfte des historischen Prozesses reflektiert. Die ganze, weitgespannte Widersprüchlichkeit einer krisenerfüllten Zeit gewinnt dabei in überzeugender Weise Gestalt. Denkbilder und Bewusstseinsinhalte werden vor Augen geführt, die das Lebensgefühl der Menschen an der Wende vom Mittelalter zur Neuzeit geprägt haben mögen: tiefe Religiosität, Aberglauben und furchtvolle Endzeiterwartung, mit der sich nicht zuletzt die vielfache Hoffnung auf eine ausgleichende Gerechtigkeit verband; daneben aber auch eine sich zunehmend entwickelnde bürgerlich-rationale, diesseitige Weltsicht. Humanismus, Reformation und Bauernkrieg, das Wirken Martin Luthers und Thomas Müntzers werden im gegenseitigen Aufeinanderbezug als Teile eines umfassenden Erneuerungsprozesses, einer grundlegenden Umwälzung in Kirche und Gesellschaft sinnlich erlebbar. Machtvoll aufbrechende Konflikte geraten dabei zum Bewährungsfeld geschichtlichen Handelns von Menschen, die notwendig ihrer Zeit und deren Möglichkeiten, aber auch Grenzen verhaftet bleiben. Aus einer schier unerschöpflich scheinenden, frei fabulierenden bildnerischen Phantasie heraus entfaltet sich so ein geschichtsträchtiges *Weltbild* von zeitlos-universalem Anspruch, das Grundfragen menschheitlicher Existenz berührt und im Ringen um die Bewahrung humanistischer Werte deren stete Gefährdung thematisiert. Der tiefe, von komplexer Wirklichkeitssicht getragene Sinngehalt des Kunstwerkes wurzelt dabei zugleich in der sensiblen Reflexion von Problemstellungen der eigenen Zeit. Wie sehr sich der Künstler dessen bewusst war, zeigt ein Auszug aus seinem Arbeitsstenogramm des Jahres 1979: »Die frühbürgerliche Revolution interessiert mich in ihrer historischen Dimension wie auch in ihren aktuellen politischen Bezügen. … – es ist eine Umbruchsphase, wo alles in Bewegung geraten ist. Das ist für mich keine vergangene Zeit.« In einem anderen Zusammenhang sprach er sogar von Turbulenzen jener Zeitenwende, die für ihn immer noch gegenwärtig seien. So habe er dort auch sehr viel an eigenem, aktuellem Lebensgefühl wiedergefunden. Tübke glaubte an die Unveränderlichkeit im Wesen der Dinge und damit an die Wiederkehr der Geschichte. Sein Epochengemälde ist mithin nicht allein ein höchst komplexes Historienbild, sondern eine widerspruchsreiche Parabel mit Durchblick auf das Wesen des Menschen schlechthin wie den zyklischen Verlauf aller Geschichte.

Was den Betrachter umfängt, ist indes eine fremd und zeitfern scheinende Welt voll dramatischer Handlungsfülle, die in ihrer formalen Geschlossenheit ausschließlich ihren eigenen Gesetzen genügt. So bezieht das Bild seine innere Struktur nicht aus einer chronologischen Ordnung konkreter Ereignisse, sondern aus der formalen Logik einer simultanen Gestaltungsweise. Verschiedenartigste Schauplätze und Handlungsebenen verschmelzen zu einer multiperspektivischen Weltlandschaft, die erst im oberen Drittel der Leinwand ihren Bühnencharakter verliert und den Blick zum Horizont in die Tiefe freigibt. Formbeziehungen und Farbzusammenhänge ordnen das vielfigurige Geschehen, wobei sich immer wieder neue, überraschende Sichtachsen ergeben, die einzelne Szenen und Details miteinander verbinden und dem Ganzen als Liniengerüst Halt und Orientierung geben. Der spannungsvolle Wechsel kompositorischer Prinzipien, aber auch große, das Bild beherrschende Motive wie die Turmruine im Schnee, der Regenbogen oder zwei schroffe Felsklippen und das Anklingen einer jahreszeitlichen Abfolge rhythmisieren im Zusammenspiel mit der Dramaturgie des Lichtes und der Farbe dieses monumentale Geschichtswerk, das stets nur in Ausschnitten betrachtet werden kann, und gliedern es in vielfach miteinander verschränkte *Szenenbilder*. Deren Abgrenzung folgt im Wesentlichen den fünf Tafeln der Entwurfsfassung, die von der Kunstkritik zur besseren Verständigung gelegentlich auch mit Begriffsbezeichnungen versehen wurden, die den jeweiligen thematischen Schwerpunkt jedoch nur ungenügend beschreiben. Daher soll hier auch nicht weiter darauf eingegangen, sondern die Sache selbst, das Bildprogramm, ähnlich einem Rundgang anhand der wichtigsten Details genauer betrachtet werden.

Zunächst jedoch scheint sich das Bild bei aller Detailgenauigkeit des Dargestellten jedem Zugang zu verschließen. Das hat viel mit Virtuosität und Verfremdung in der Gestaltung zu tun, aber auch mit der Simultanstruktur der ganzen Wandabwicklung, in der konkrete Handlungsabläufe mit Sinnbildern und Symbolfiguren verkoppelt sind, die das Geschehen verallgemeinern und vertiefen und in ihrer assoziativen Kombinatorik auch komplizierteste, in sich widerspruchsvollste Vorgänge jener Umbruchsphase am Beginn der Neuzeit, die Fülle der damals erlebten wie erlittenen Veränderungsprozesse, der gegenläufigen Tendenzen und Gleichzeitigkeiten, deutlich machen. Es ist eine Welt, in der sich historisch Greifbares und Phantastisches, real Vorgestelltes und visionär Erdachtes zu einem organischen Ganzen verbinden, das vielschichtige Sinnzusammenhänge schafft, die wiederum bis tief in die Intimsphäre der persönlichen Gefühls- und Erlebniswelt des Künstlers reichen. Folglich sind in wechselnder Akzentuierung immer wieder drei ganz verschiedene Deutungsebenen zu bedenken, die auf das Engste miteinander verwoben sind: eine streng historische, eine allgemein menschliche, insofern zeitlos gültige, und eine ganz persönliche, nur auf das Selbst des Malers bezogene Sicht. Dabei sei noch einmal betont: So sehr die gedankliche Durchdringung des Themas, die Spannweite der Deutungsvarianten und die Logik der Ikonografie auch bestechen, der eigentliche Wert des Bildes liegt hier wie bei jedem anderen großen Werk der Kunst primär in der sinnlich überzeugenden geistigen wie formalen Umsetzung.

Betritt man den Panorama-Saal über den linken Treppenaufgang, fällt der Blick zuerst auf die Darstellung einer Schlacht, deren Schauplatz annähernd der tatsächlichen Umgebung des Museums entspricht. Der lokale Bezug auf das historische Ereignis, die Frankenhäuser Schlacht vom 14. und 15. Mai
17 1525, ist offensichtlich. Hoch wölbt sich ein Regenbogen, das Zeichen der Hoffnung und des Verbündnisses mit Gott, über das Gewimmel auf dem Schlachtberg. Das Flimmern der Farben, die Dramatik der Komposition und die überquellende Fülle bizarrer Formgefüge heben das Geschehen ebenso aus dem Dunkel der Geschichte wie der leuchtend blaue, lichte Frühlingshimmel. Nicht zufällig gelangt hier, stärker als anderswo, auch eine tiefe perspektivische Sicht zur Wirkung, die von der raumgreifenden Klammer des Regenbogens sinnfällig noch verstärkt wird.

Im Zentrum der Schlacht steht in schwarzer Robe eine einsame Gestalt. Es ist
18 / 19 Thomas Müntzer, dessen Auftreten für die Frankenhäuser Ereignisse so entscheidend

war. Doch er ist vom Umfeld isoliert. Im Rhythmus der Trommeln liegt schon die Ahnung des Todes. Die große Vision einer Schlacht der Erwählten gegen die fürstlichen Tyrannen hat sich als Trugschluss erwiesen. Die Gewissheit, dass die Endzeit gekommen ist, die Scheidung der Auserwählten von den Verdammten unmittelbar bevorsteht und das ewige Gottesreich unter der Herrschaft des gemeinen Mannes anbricht, ist der bitteren Erkenntnis der Niederlage gewichen. Die zu Boden gesenkte Fahne des Bundschuh symbolisiert das Ende. Kein Hurra-Pathos erfüllt die Szene, kein Versprechen wie »die Enkel fechten's besser aus«. Thomas Müntzer wurde oft als heldenhafter Bauernführer, als politischer Agitator und Revolutionär interpretiert, der zu den Wegbereitern einer sozialistischen Gesellschaftsordnung gehört. Tübke indes sah in ihm in erster Linie einen Apokalyptiker, einen Mystiker und Endzeitpropheten, der bis zum Schluss für die Verwirklichung seiner radikalen Glaubensüberzeugung gestritten hat. Und er sah ihn als eine tragische Gestalt, einen Menschen mit Sendungsbewusstsein, der in seinem utopischen Bemühen notwendig scheitern musste, doch gerade als Gescheiterter zu einem Denkmal erhöht worden ist.

Von besonderer Bedeutung ist Müntzers Blickrichtung. Auf eine Distanz von 25 Metern führt sie über das Schlachtgeschehen zu seiner Rechten und das angrenzende Leichenfeld hinweg bis zur Ruine des Turmes zu Babel, vor dessen Eingang er selbst noch einmal in der Rolle des Täufers zum Volke predigt. In seiner »Ausgedrückten 1/10
Entblößung des falschen Glaubens« (1524), einer Auslegung von Kapitel I des Lukas-Evangeliums, hatte der Prediger gefordert, die »wuchersüchtigen Bößwichter« der Geistlichkeit, deren Geld- und Machtgier sprichwörtlich war, endlich auszuschalten, um die wahre Christenheit zu retten und wieder aufzurichten. Das Volk müsse um einen neuen Johannes den Täufer bitten, »eynen gnadenreychen Prediger«, womit er fraglos sich selbst meinte. Er hoffte nicht länger auf die Obrigkeit; sein Adressat war der gemeine Mann. Zur Vorlage des Motivs diente dem Maler übrigens ein Holzschnitt von Lucas Cranach d. Ä. aus dem Jahr 1516, der Johannes den Täufer im Walde predigend zeigt, ein Blatt, das in seinem sozial-religiösen Gehalt der Kunstwissenschaft als entschieden pro-reformatorisch galt.

Müntzers Auftreten ist hier ganz in den Kontext seiner Kirchenkritik und der daraus abgeleiteten Endzeitprophetie gerückt. Dunkel erhebt sich hinter ihm die Ruine des babylonischen Turmes, einem damals bekannten Gleichnis für das sündige Rom, das Machtzentrum der Papst-Kirche. In seinem Inneren haben sich Habgier, Wucher und Käuflichkeit erschreckend breitgemacht. Ein Wechsler sitzt im Eingang des Tempels, der nicht anders zu denken ist, als der Hort des Antichrist. Am unteren Bildrand streicht indes ein Bewaffneter mit Bundschuh vorbei. Seinem Ursprung nach ist er ein Ausgetriebener, ein Wechsler, zitiert nach Cranachs »Passional Christi und Antichristi«

von 1521. Doch die Wertungen kehren sich ins Gegenteil: Während der Wucherer immer noch im Tempel thront, ist der Bundschuhverschwörer vertrieben und ausgegrenzt. Zwischen beiden aber operiert Thomas Müntzer, der den Bauern in Anbetracht der korrupten Realität im Gemäuer mit auffordernder Gebärde fixiert.

Eine Schlüsselstellung kommt dabei dem leuchtend blauen Fisch zu, der vor der
1/9 düster brauntonigen Kulisse des Turmes geheimnisvoll über dem Schneefeld schwebt. Der Fisch gilt als eines der ältesten Christussymbole und steht für die frühchristliche Gemeinde, das reine, unverfälschte Evangelium. In diesem Sinne signalisiert der Kontrast zwischen dem Fisch und dem Turm den Gegensatz von urchristlichem Ideal und zeitgenössischer Wirklichkeit im Zustand der Kirche. Während Müntzer mit der Linken auf den Turm weist, deutet die Rechte auf den Fisch, aus dem sich eine Sintflut auf die Erde ergießt. Sonne, Mond und Planetenzeichen deuten an, dass es sich dabei wohl um eine astrologische Prophezeiung handelt. In der Tat ist das Motiv dem Titelholzschnitt einer Flugschrift entnommen, die aus der Berechnung einer bestimmten Konstellation der Planeten im Sternbild der Fische für das Jahr 1524 den Ausbruch eines Bauernkrieges weissagte, was kein Wunder war, sondern nur den Zeichen der Zeit entsprach. Darüber hinaus ist im Bauch des Fisches eine liegende nackte Gestalt zu erkennen, die schon in der Vorlage zu sehen war und an die Erzählung von Jonas im Alten Testament erinnert, die als Beispiel für die Errettung durch Gottes Hilfe gilt. Typologisch verweist Jonas zwar eher auf die Auferstehung, mag hier wohl aber die nahe Wiederkunft Christi meinen, mithin den Anbruch des Tausendjährigen Gottesreiches auf Erden, an dessen Ende Christus als Weltenrichter das Jüngste Gericht vollzieht. Dies also ist Müntzers Versprechen, dies seine Vision: Die baldige Vernichtung der Gottlosen zum Zwecke der Errichtung einer neuen Ordnung, die in der Wiederaufnahme urchristlicher Ideale die Gleichheit aller in einem ewigen Reich des wahren Glaubens und der irdischen Gerechtigkeit gewährt.

Wie die Welt und das Leben der Menschen damals tatsächlich wohl aussahen, ist heute, im Abstand von knapp 500 Jahren, kaum mehr mit Bestimmtheit zu sagen.
2 Dennoch gelingt es dem Künstler, auf dem Schneefeld zwischen dem Turm zu Babel und den Felsen ein so facettenreiches wie überzeugendes Alltagsbild jener Epoche zu entwerfen, das vergleichbar den Allegorien eines Pieter Bruegel eine Fülle an Einzelszenen ausbreitet, die die soziale Realität einer konfliktgeladenen Spätzeit voller Elend, Gewalt und Sittenverfall auf das Anschaulichste vor Augen führen. Chaos und Haltlosigkeit einer Welt im Niedergang beherrschen die Szenerie, die sich aber nur scheinbar in Richtungslosigkeit und kompositorischer Unordnung verliert. Denn selbst im größten Durcheinander erkennt man noch die kluge, vielstimmige Regieführung, die jede eindimensionale Sichtweise vermeidet.

Überschaut man das Schneefeld, so fällt sofort der starke Hell-Dunkel-Kontrast im Verhältnis der Figuren zum Bildgrund auf. Wie in den anderen Teilen des Bildes auch ereignet sich das Geschehen zudem auf einer *hochgeklappten*, also in Draufsicht wiedergegebenen Landschaftsbühne, die vor dem zentralperspektivisch angelegten Horizont genügend Raum zur Entfaltung bietet. Achsenbildung und die Schaffung lokaler Zentren sind weitere wichtige Entscheidungen, die über die formale Gestaltung hinaus auch inhaltliche Bedeutung erlangen. Schlüsselfunktion haben dabei immer wieder optisch besonders hervorgehobene Bildfiguren, die – wie Müntzer in der Schlacht – im Schnittpunkt wichtiger Kompositionslinien stehen oder diese gar mit ihrer Körperachse bestimmen. Blickrichtungen, die überhöhte Mimik und Gestik der Akteure wie auch deren Verhalten zueinander und zum Betrachter sind schließlich ebenso von Gewicht wie die Tatsache, dass die Gestalten der unteren Raumzone trotz etwa doppelter Mannshöhe annähernd lebensgroß wirken. Gelegentlich wird sogar Blickkontakt mit uns hergestellt, so dass ein unmittelbarer Dialog mit dem Dargestellten möglich ist. Bei aller historisierenden Distanz, die von dieser Art der Malerei mit ihrem komplizierten System der Zitation tradierter Motive beinahe zwangsläufig ausgehen muss, gewinnt das Geschehen auf der sich ringsum entfaltenden Weltlandschaft doch eine visuelle wie emotionale Nähe zum Betrachter, der man sich kaum mehr entziehen kann.

Im linken Teil der Winterwelt hat der Künstler Darstellungen der Not, der Gewalt
und Empörung im Oval um eine Edeldame zu Pferd gruppiert, die selbstherrlich und **5**
ohne Kontakt zu ihrem Umfeld im Sturm nach rechts galoppiert. Hinter ihr vereinigen sich unter dem Beifall eines Narren Bürgerkriegsszenen mit der Vertreibung der Prälaten. Einem Bischof wird von einer Frau die Peitsche gegeben und einem stürzenden Kardinal Abwasser ins Gesicht gekippt. Eine dritte, dargestellt als Rückenfigur, holt bereits weit mit ihrem Zuber aus. Links unterhalb der Szene, fast auf gleicher Höhe mit dem Pferd, wird von zwei Bewaffneten ein offenkundig Besessener abgeführt. Man kann in dem Verhafteten auch einen randalierenden Trunkenbold sehen, der am Rande des benachbarten Kirchweihfestes abgeführt wird. Wahrscheinlicher indes ist die folgende Sicht: Die Häscher der Obrigkeit haben einen Aufrührer, einen Ketzer, einen gesuchten Häretiker festgenommen und sind dabei, ihn zur Richtstatt zu führen,
vorbei am Tod auf dem Baum, der ihm das Stundenglas zeigt. Welche Interpretation **56**
man auch nimmt – die Verhaftung, zu der eine Federzeichnung von Lucas Cranach d. Ä. mit der Erzählung einer frühchristlichen Märtyrerlegende die Anregung gab, leitet über zu dem Geschehen unter dem Galgen, das noch zu besprechen sein wird.

Am unteren Bildrand aber hat sich eine Gruppe Notleidender und Ausgestoßener **5**
versammelt, darunter ein Krüppel, Bettler, eine Schwangere und eine Mutter mit Kind. Motivlich hat der Maler hier auf Holzschnitte eines der bedeutendsten Sitten-

schilderers jener Zeit zurückgegriffen, den Petrarca-Meister. Die grafische Qualität der Vorlage ist auch hier in Tübkes Manier aufgehoben und seiner altmeisterlichen Formensprache eingeschmolzen. »Schönes, festes Stehen auf der Bildbühne, klare Plastik und Gewicht«, so der Künstler, sind dabei ebenso notwendig, wie »Natürlichkeit von Mimik und Gestik«, aber auch »hochmanieristische Exzentrik, geradesohin noch unter Kontrolle gebracht«. Natürlichkeit meint bei ihm also nie eine einfache, äußerliche Nachahmung. Das gilt auch für den Umgang mit dem kunsthistorischen Zitat, denn was der Künstler erstrebt, ist eine ganz eigene, neue Schöpfung. So suchte Tübke immer wieder Figuren, »die sich natürlich, frei bewegen, die die Arme unverkrampft vom Körper lösen«, zugleich aber eingewoben sind in eine bildlogisch begründete, abstrakte Komposition. Eine der schönsten Erfindungen in der Gruppe der Verarmten und Heimatlosen ist zweifelsohne die Rückengestalt des Bundschuhbauern, der wie ein Spiegelbild des Narren hinter seinem Rücken der Verhaftung zugekehrt ist und im Verein mit dem Laienprediger zu seinen Füßen die Ärmsten der Armen, die von der Last der Kirche schwer zu Boden gedrückt sind, zu tätiger Aktion aufzufordern bemüht ist.

In Gegenrichtung zum Galopp der eitlen Kurtisane schleppt sich hinter dem Esel ein Vagant mit Narrenkolben und Lorbeerkranz durch das Land. Seine Insignien wie sein markantes Antlitz weisen ihn als Ulrich von Hutten aus, vagabundierender Reichsritter, Dichterkönig und Humanist, der sich mit Franz von Sickingen gegen die Fürstenherrschaft und den Klerus verbündet und unter dem Motto »Ich hab's gewagt« dem päpstlichen Rom gleichfalls den Krieg erklärt hatte. Nach der Niederschlagung des Aufstandes der Reichsritterschaft im Mai und Juni 1523 ist auch Huttens »Pfaffenkrieg« vorbei. Der Mitverfasser der »Dunkelmännerbriefe« und Autor so vieler antirömischer Dialoge und Streitschriften starb noch im gleichen Jahr einsam und verarmt, unheilbar siechend an der »Franzosenkrankheit«, im Züricher Exil.

7 Rechts von der soeben betrachteten Gruppe, zu der auch eine Frau mit Wiege auf
dem Rücken und einem Knaben mit Stock und Dornenkranz gehört, wird der Blick
über eine Reihe merkwürdig fliegender Gestalten wieder nach oben bis zu einem
6 Bauernhaus geführt, das dem Monatsbild »Februar« des Breviarium Grimani, einer
flämischen Bilderhandschrift aus der Zeit um 1500, entnommen ist. Die Fassade der
Hütte, in deren Innerem ein Paar Zuflucht gefunden hat, kontrastiert wirkungsvoll
mit der Fassade des Turmes zu Babel. Während rechts im Hintergrund vor dem fernen
Golgatha die Plünderung eines Dorfes beschrieben wird, herrschen links nicht nur
Bürgerkrieg und Anarchie, sondern es nähert sich noch eine ganz andere Gefahr. Vor
4 der Kulisse einer toten und verfallenen Stadt findet ein Zug von Pestkranken statt. Das
riesige Transparent mit dem Leichnam ist ein Selbstzitat aus der Entwurfsfassung zu

Tübkes vorausgegangenem Großauftrag, der Mittelpredella zu »Der Mensch – Maß
aller Dinge«, und meint unmissverständlich eine Grabtragung, die die Richtstätte zur
Linken mit der Kreuzigungsgruppe rechts am Horizont verbindet. Das Schicksal des 2
geräderten Aufrührers wird verstanden als zeitgenössische Passion in der Nachfolge
Christi. Doch wo einst der Stern von Golgatha den Weg zum Messias wies, schwebt
nun ein eselsohriger Papst als Fürst der Hölle in einem Kranz aus Teufeln und wid- 3
rigen Dämonen am Himmel. Finster ist es im Land, eisig, voller Unmoral und Gewalt.
Während vor der grandiosen Gebirgslandschaft ein Mönch als Ablasshändler das Weite
sucht, erreicht aus Richtung der Felsen ein vollbesetzter Karren den Schauplatz der
Hinrichtung. Das Motiv entstammt einer der bekanntesten volkstümlichen Moral-
satiren jener Zeit, dem »Narrenschiff« (1494) von Sebastian Brant, in dem die gesamte
spätmittelalterliche Ständegesellschaft einschließlich der Kirche auf das Schärfste ge-
geißelt wird. Noch nie war ein so radikaler Versuch unternommen worden, das aus
den Fugen geratene Volksleben mit all seinen Anfechtungen und Unzulänglichkeiten
Kraft der Satire wieder ins Lot zu bringen und in den christlichen Glauben zurückzu-
führen. Die ganze liederliche, sittenlose Gesellschaft, die nur so in den Tag hineinlebt,
wird als närrisch demaskiert. Was Werner Tübke in der Metapher seiner Winterwelt
analog vor Augen stellt, ist das Bild einer Krise, eines unaufhaltsamen Niedergangs,
einer Ordnung im Verfall, der alle Stände betrifft, nicht nur den gemeinen Mann. Ein
Strom des Elends wälzt sich über das Land: Bettler, Landstreicher, Dirnen und Betrü-
ger aller Art, verborgen unter der Maske fahrender Schüler, Wallfahrer und Büßer, von
Verstümmelungen, Seuchen und Aussatz gezeichnet. Tübkes Gemälde ist weniger eine
Art protestantischer Bilderpredigt, wie gelegentlich behauptet, sondern ein historisches
Moralwerk von geradezu apokalyptischer Ausdrucksgewalt.

Ein Sinnbild für den verbreiteten Sittenverfall markiert auch die kastenartige Vertie-
fung im Schnee unterhalb des Bauernhauses, in der unter einem Gitternetz, an dessen 6
Verschluss der Teufel sitzt, die moralisch Verworfenen dieser Welt, die Müßiggänger,
die Herrscher, die Verdammten gefangen sind. Doch die Moralkritik trifft, wie sich
zeigt, Vertreter aller Schichten, die magisch von der Sünde angezogen sind und von
links über die Mauer auf das Geviert zuschweben, an dessen Oberkante ein Schwein 7/8
als Hinweis auf die Todsünden der Wollust und Unmäßigkeit zugeordnet ist. Entgegen
der um 1535 wohl zu einem Spruchgedicht von Hans Sachs geschaffenen Holzschnitt-
vorlage, die der Künstler hier seiner Bildfindung zugrunde gelegt hat, ist nicht mehr
die Dirne am linken oberen Eck der Lockvogel, auf den die Männer sprichwörtlich
fliegen, sondern das geheimnisvolle Götzenbild, das auf einer Waagschale jenseits der
Grube an einem viel zu dünnen, brüchigen Astbaum hängt. Einer mittelalterlichen
Bibelillustration folgend handelt es sich um das so genannte »Siebenlasterweib«, eine

Allegorie der sieben Hauptsünden, die hier unter dem Geheul eines Hundskopfes von
einer siebenköpfigen Gemeinde, an deren Spitze der Gehörnte mit Totenschädel hockt,
blind angebetet wird. Hexenwahn und Dämonenkult gehörten ebenso zur Realität der
damaligen Zeit wie der Schrecken der Inquisition.

Das Sündenregister, das sich in dem schaurig-schönen Mischwesen verkörpert,
spiegelt sich in vielfältiger Weise auf dem gesamten Schneefeld wider, ohne auch nur
im Ansatz illustrativ zu sein. Nicht alle der Sünden sind szenisch auch dargestellt.
Andere indes treten ergänzend hinzu. So kann man die von links mit dem Ross heran-
5 preschende Edle auch als eine Personifikation der Eitelkeit begreifen, die selbstgefäl-
lig auf die Sündenfalle zurennt, während der Karren der Fuhrleute ohne Zugtier im
7 Schnee steckt. Im Sog der Bewegung scheint es, als ob es auch ihn in die Falle zieht.
Doch der Karren steht und rührt sich nicht vom Fleck. Meint die Szene vielleicht das
Hoffen auf himmlischen Beistand zur Befreiung aus einer festgefahrenen Situation?
Verweist der Fisch in den Händen im Verein mit der Vorratsladung auf die wunder-
same Speisung der Fünftausend oder auch der Jünger durch den Auferstandenen, wie
die Bibel berichtet? Geht es um das erhoffte Ende aus verbreiteter Hungersnot? Oder
doch um Geiz, Habsucht und womöglich auch Völlerei?

So wenig, wie diese Szene bis ins Letzte zu erschließen ist, erklärt sich auch der
Auftritt der blumenumkränzten Dame im blau-rot changierenden Rock am unteren
7 Bildrand als Blüten streuende Flora. Mit eleganter Leichtigkeit segnet sie den Mord an
einem Bauern, während sie gleichfalls auf die Falle zuläuft. Sie steht genauso für das
Verwerfliche wie der schlafende Hund weiter links, der Missgunst und Zorn unter den
Lastern verkörpert. Als treuer Hüter der Herden kann er aber auch als Symbol eines
Predigers gesehen werden. Die Vieldeutigkeit der Motive ist augenfällig, ja bei Tübke
Programm.

Die Deutung des Hundes als Predigersymbol, schlafend noch, aber schon unter
dem Volk, schlägt eine Brücke hinüber zu dem predigenden Thomas Müntzer vor
10 dem Turm zu Babel. Tatsächlich findet sich der gleiche Hund in dem bereits zitierten
Holzschnitt zu Johannes dem Täufer von Lucas Cranach. Mehrfach hat Werner Tübke
Teile einer Bildvorlage auseinander genommen und in einen neuen Kontext gesetzt,
um Aspekte eines Themas wie ein Netzwerk von Verweisen in ein umso vielschich-
tigeres Ganzes zu bringen.

An dieser Stelle sei noch einmal der Blick aus größerer Distanz zur Überschau
gewagt. Wir befinden uns wieder vor dem Turm zu Babel, auf dessen Treppenstufen
8 sich linker Hand eine Nackte öffentlich zur Schau stellt. Dem Ursprung nach eine
Buhlerin, verknüpft sich ihr Erscheinen mit der vielgesichtigen, goldgekleideten Frau
weiter links, die ein Schriftband mit der Aufschrift »Babel« präsentiert. Damit ist klar,

was das sündhafte Treiben vor dem Turmkoloss meint: die große Buhlerin Babylon, im damaligen Verständnis das sündige Papsttum, zu dem sich ein so genanntes Mönchskalb, ein seinerzeit populäres Spottbild auf das missratene Mönchtum, gesellt. Da der Maler nicht davon ausgehen konnte, dass Motive wie die Hure von Babel oder das Mönchskalb heute noch geläufig sind, hat er die Allegorien mit jeweils realen Pendants erklärt: mit der Nackten im Fass und dem mehrgesichtigen Mönch in Rot links hinter der Babel-Gestalt.

Unterhalb des Turmes öffnet sich ein leeres Schneefeld, dessen Kontur annähernd der des Bauwerkes entspricht. In der Mitte des Schneefeldes wiederum ist unversehens
ein übergroßes Ei zu entdecken, Weiß auf Weiß ein malerisches Bravourstück, doch 9
auch ein Symbol von widersprüchlicher, ja entgegengesetzter Bedeutung, das sowohl ein Sinnbild des Teufels sein kann, als auch – wie schon das Jonasmotiv – auf die Auferstehung, hier also die Ankunft eines neuen Messias, verweist. Blickfang bleibt dabei der große blaue Fisch, der im Scheitelpunkt eines Bogens schwebt, welcher sich von
der Figur eines Wanderers bis zu dem eingangs schon erwähnten Bundschuhbauern 8/10
spannt. Der Wanderer aber, der mit der Linken nach dem Narrenhut greift, gilt als ein verstecktes Selbstbildnis des Malers Tübke. Während er sich noch einmal zum Betrachter umschaut, betritt er schon die Welt seiner künstlerischen Erfindung. Er ist ein Wanderer zwischen den Welten, dem »die Fähigkeit zu historischer Distanz« – wie er sagt – grundsätzlich fehlt. Daher auch waren historische Stoffe nie Vergangenheit für ihn. Vielmehr suchte er sie stets wie ganz aktuelle, sehr persönliche Erlebnisse und Erfahrungen seiner eigenen Zeit zu behandeln. Das gilt gerade auch für das Frankenhäuser Panorama-Bild.

Die Prophetie des Fisches lenkt den Blick über den Prediger am Fuße des Turmes hinüber auf die nächste Sequenz, die Schlacht unter dem Regenbogen, dem Zeichen des Bundes mit Gott, das die Aufständischen als
»Christliche Vereinigung« auch auf ihren Fahnen trugen. In der Mitte 17
unter dem Regenbogen steht – wie wir bereits gesehen haben – erneut Thomas Müntzer, der »Verstörer der Ungläubigen«, der Gottesstreiter und Endzeitprophet, im Gestus des Sich-Bekreuzigens, die Bundschuhfahne zu Boden gesenkt. Auf geradezu magische Weise bildet er das kompositorische Zentrum der Schlacht und damit des gesamten Bildprogramms. So bezeichnet er die Mitte einer senkrechten Achse, die von der strahlenden Lichterscheinung am Himmel bis zu einem Brunnen herabführt, dessen Oval sich – ergänzt durch einen übergroßen Granatapfel auf gewundenem Kelch – beziehungsreich in der Wagenburg auf dem Berg wiederholt. In gleicher Weise hatten die Brüder van Eyck auf dem Paradiesbild des Genter Altars (vor 1432) schon das Lamm

Gottes auf einem Hügel als das Opfer, das Christus für die Menschheit gebracht hat, in eine Achse mit dem Lebensbrunnen und der Taube des Heiligen Geistes gerückt. Indem Tübke die wesentlichen Kompositionsprinzipien des van Eyckschen Altars mit der »Anbetung des Lammes« auch seinem Bild zugrunde legt, versetzt er Müntzer auf den Paradiesberg, wird das ganze Schlachtgeschehen zu einem apokalyptischen Motiv. Darüber hinaus markiert Müntzer zugleich den Kreuzpunkt der Senkrechten mit einer Horizontalen, die sich zwischen die beiden Fahnen an den Enden des Regenbogens spannt. Müntzer erscheint gleichsam im Zeichen eines der Schlacht eingeschriebenen, unsichtbaren Kreuzes, dessen Endmotive eingehendere Betrachtungen verlangen.

Beginnen wir mit der Lichterscheinung, die in den Farben des Regenbogens als
18 glühender Feuerball hoch über der Schlacht schwebt. Zunächst verbindet sich damit der Gedanke an jenen Sonnenhalo, der am Tag der Frankenhäuser Schlacht tatsächlich zu sehen war und der Überlieferung zufolge von den Aufständischen um Thomas Müntzer als Zeichen göttlichen Beistandes in ihrem Kampf genommen wurde. Vor dem Sonnenball aber ist nicht die Taube des Heiligen Geistes, sondern die wachsblaue Gestalt eines Stürzenden zu erkennen, der vor der Hitze zu zerfließen beginnt. Man kann in der Figur also auch Ikaros, den Sohn des Daidalos, sehen, der bei seiner Flucht aus der Gefangenschaft im kühnen Aufstieg zum Himmel der Sonne zu nahe kam, was die kunstvoll gefertigten Wachsflügel schmelzen und ihn zu Tode stürzen ließ. Der Sturz des Ikaros wird zum Symbol des Untergangs. Er verweist nicht nur auf die unabwendbare Niederlage des Aufstandes, sondern in seiner axialen Zuordnung zu Thomas Müntzer auch auf das Scheitern eines Mannes, der bis zum Letzten für seine eigene Überzeugung gestritten hat.

Motivlich geht die Figur des Stürzenden eigentlich jedoch auf einen Holzschnitt von 1525 wohl von Peter Flötner zurück, der in Verbindung mit einer Versdichtung von Hans Sachs als Einblattdruck erschien und zu den erregendsten Bilddokumenten des Aufbegehrens gegen religiöse Scheinheiligkeit, Wucher und Tyrannei gehört. Dem Flugblatt zufolge verkörpert die geflügelte Gestalt eine Allegorie im Mönchsgewand: die vom armen gemeinen Mann im Kampf um Gerechtigkeit abgeworfene geistliche Gleisnerei. Neben den historischen Aspekt der atmosphärischen Erscheinung tritt hier also nicht nur ein mythologischer, sondern auch ein zeitgenössisch-allegorischer Gehalt. Und noch eine Deutungsebene der Figur liegt nahe, eine, die der christlichen Gedankenwelt entstammt: So ist es möglich, die Lichtgestalt auch als fallenden Engel anzusehen, als Luzifer, der sich anmaßen wollte, Gott gleich zu sein, und zur Strafe als Teufel aus dem Himmel gestoßen wurde. Der Engelsturz war besonders in der Zeit der Gegenreformation ein beliebtes Motiv, das den Fall der vom wahren Glauben abgewichenen »Irrlehrer« versinnbildlichte. Müntzer galt im Urteil seiner Gegner tatsächlich lange Zeit als Ketzer, dessen Glaubensauffassung auf das Schärfste verurteilt wurde. Daher ist es auch kein Zufall, dass es ein authentisches Bildnis von Müntzer nicht gibt. Das allgemein bekannte Bild des Predigers gründet auf einem Kupferstich, der erst 1608 bezeichnenderweise in einer holländischen Ketzerchronik erschien.

Das Fehlen eines bezeugten Porträts bot Tübke indes die Gelegenheit, dem Antlitz
Müntzers eigene, selbstbildnishafte Züge zu verleihen. Der Maler, über dem sich der **18 / 19**
Genius des Künstlers senkt, sieht sich selbst im Zentrum seines Werkes, sieht sich her-
ausgehoben aus dem Reigen der großen Persönlichkeiten und zwischen die Sinnbilder
des Scheiterns und einer auf ewig bleibenden Leistung gestellt.

Den Fußpunkt der Zentralachse mit Müntzer und dem Stürzenden bildet die tek-
tonische Form einer Brunnenschale, um die sich im Schutz einer dichten Hecke zwan-
zig herausragende Persönlichkeiten der Zeit im Halbkreis versammelt haben. Unter **20**
weitgehender Verwendung zeitgenössischer Porträts hat der Künstler sie hier zu einer
Gruppe zusammengestellt, die es schon allein aufgrund der Lebensdaten so nie wirklich
gegeben haben kann. Von links nach rechts sind dargestellt: Hans Hut und Melchior
Rinck, die beiden Täufer, von denen Hut, der selbst an der Frankenhäuser Schlacht
teilgenommen hatte, auch als »Müntzers Erbe« bezeichnet worden ist. Der Herr in
Rot mit der Schriftrolle und dem Barett ist Hans Sachs, der Schuhmacher-Poet. Es
folgt eine Gruppe von Künstlern, beginnend mit dem Nürnberger Bronzegießer Peter
Vischer d. Ä., dem der ebenfalls in Nürnberg tätige Bildhauer Adam Krafft (also nicht
wie gelegentlich behauptet Veit Stoß) und der Holzschnitzer Tilman Riemenschneider
zur Seite gestellt sind. Etwas in den Hintergrund gerückt ist der Maler Jörg Ratgeb zu
sehen, wie er mit der Hand über die anderen hinweg nach links auf die beiden Täufer
weist, die wie er ihr Wirken am Ende mit dem Leben bezahlen mussten. Nach rechts
zu findet die Auswahl der Künstler in der zentral gesetzten Gruppe mit Albrecht Dürer,
Martin Luther und Lucas Cranach d. Ä. ihren Höhepunkt und Abschluss. Weiter
rechts folgt schließlich die Phalanx der Humanisten, der Entdecker und Gelehrten mit
Sebastian Brant (im grünen Gewand), Philipp Melanchthon (rechts dahinter), Eras-
mus von Rotterdam (im roten Mantel) und Ulrich von Hutten (mit dem Lorbeerkranz
des Dichters), denen Nicolaus Copernicus als Begründer der modernen Astronomie,
der Naturforscher und Arzt Theophrastus Bombastus von Hohenheim (genannt Para-
celsus), der Seefahrer Christoph Columbus (der gemeinhin als der Entdecker Ameri-
kas gilt) und der Erfinder des Buchdrucks mit beweglichen Metall-Lettern Johannes
Gensfleisch zum Gutenberg zugeordnet sind. Durch einen Tisch etwas abgetrennt
beschließen die beiden Unternehmer Jakob Welser und Jakob Fugger, der eine aus **22**
Nürnberg, der andere aus Augsburg, als Vertreter zweier der reichsten und mächtigsten
Handelshäuser jener Zeit, die sogar den deutschen Kaiser mit großzügigen Darlehen

in Abhängigkeit brachten, den Reigen der großen Persönlichkeiten. Ihnen allen ist Unvergänglichkeit ihrer Leistung und ewiger Bestand im Gedächtnis der Geschichte gewiss, wie die Zuweisung zum Lebensbrunnen mit dem Granatapfel zeigt.

21 Das Paar im Zentrum mit Luther und Cranach, das ganz in der Tradition der Reformationsbilder des Wittenberger Hofmalers steht, war von Tübke im Übrigen nicht von Anbeginn so konzipiert. Zunächst stand nämlich Willibald Pirckheimer – Dürer, seinem Malerfreund, zugewandt – hinter Cranach. Im Zuge der Arbeit an der Untermalung der Entwurfsfassung des Panoramabildes entschloss sich Werner Tübke aber, Martin Luther an die Stelle von Willibald Pirckheimer, den Nürnberger Patrizier und Humanisten, zu setzen, um die Leistung des Reformators (vielleicht gar im Blick auf das im Jahr 1983 anstehende Jubiläum zu dessen 500. Geburtstag) gleichermaßen zu berücksichtigen. Dürer ist ohnehin prominent am Brunnen vertreten, und zwar nicht nur mit seinem Selbstbildnis von 1498 (dem Entstehungsjahr seiner Holzschnittfolge zur Apokalypse), sondern auch mit einer ganzen Reihe anderer Bildnisse von seiner Hand, die Tübke zur Vorlage dienten: Das Porträt von Sebastian Brant geht auf ihn zurück, dazu Erasmus, Melanchthon und auch Jakob Fugger.

An dieser Stelle sei der Blick noch einmal mit Abstand auf die Gesamtanlage der
17 Schlacht gelenkt. Wie sich zeigt, sind auch die beiden Massenszenen seitlich von Müntzer jeweils in der Grundform eines Ovals um ein optisch besonders herausgehobenes Symbol – die beiden Fahnen – komponiert. Während links aus der Ebene die fürstliche Streitmacht noch heranzieht, kulminiert auf der Höhe des Berges bereits der Konflikt. In schwungvollen Strömen drängen die Aufständischen von der Wagenburg herab auf die Fahnen zu, die in ihrem Gegenüber sinnfällig das Wesen der ganzen Auseinandersetzung vor Augen führen. Während in der verhältnismäßig kleineren Szene unter dem Zeichen der Freiheit der Ansturm gelingt und die Feudalmacht überwindbar scheint, stößt von links unter dem Banner der Obrigkeit deren gepanzerte Reiterei mit geradezu apokalyptischer Gewalt in den rennenden Haufen der Empörer, denen nicht die geringste Chance auf Entkommen bleibt. Hoffnungsvolles Beginnen dort, wo der Regenbogen blutrot die Erde tränkt, grausames Ende da, wo der Regenbogen tief in der Ferne verschwindet.

12 / 13 Was zurückbleibt, ist ein Schlachtfeld voller Leichen. Eines der Opfer, unter denen sich nur ein einziger Ritter befindet, liegt lang hingestreckt auf dem Hang. Sein Arm reicht noch bis zum zerbrochenen Schaft einer Bundschuhfahne, die jener in der Hand von Thomas Müntzer gleicht. Auch das Schwert im Rücken des Toten ist symbolisch gemeint. Wie schon in Dürers Entwurf einer Gedächtnissäule für den Bauernkrieg steht es für das Schicksal des gesamten Aufstandes: Die Erhebung der Bauern im Zeichen des Bundschuh ist gescheitert.

Dem Angriff der Söldner hat der Maler folgerichtig auch entsprechend viel Raum
gegeben. Wie die apokalyptischen Reiter eines Albrecht Dürer stürmen die Ritter unter
dem blau-weiß gestreiften Banner voran. Wie ein Keil schieben sie sich in den Hau- 14
fen der Empörer. Während der Künstler hier einen Holzschnitt des Petrarca-Meisters
von 1519/20 zur Darstellung einer »unglückhaften Schlacht« zum Vorbild nahm, geht
die Szene links davor auf eine Randzeichnung Albrecht Dürers zum Gebetbuch von
Kaiser Maximilian I. aus der Zeit um 1514/15 zurück. Eine Schar bewaffneter Bauern
stürzt sich hier zwei Landsknechten entgegen. Zu den Opfern der Auseinandersetzung
gehört indes auch die leuchtend rot gekleidete Gestalt eines Narren, die gleichfalls
sinnbildhaft den tragischen Ausgang der Schlacht verkörpert. Wie hoffnungsvoll alles
begonnen hatte, zeigt ganz unten noch einmal die Szene zwischen den Trümmern
einer Karrenbüchse und dem Feldlager der Landsknechte und Ritter, das sich neben 11
der Kanonenstellung im Schutze des Turmes befindet und von Tod und Vergewal-
tigung flankiert wird: Drei Bauern rennen mit Spießen und Schwertern gegen einen
der Söldner. Doch was im Einzelfall gelingen mochte, war am Ende ein Desaster und
das Strafgericht der Sieger grauenvoll.

Dabei hat der Maler jeden Naturalismus vermieden. Nicht ein Tropfen Blut ist
in dem Schlachtgetümmel zu sehen. Es scheint gar, als seien nicht Menschen die
Handlungsträger, sondern historische Kostümpuppen. Auf der rechten Seite der
Schlachtszene, gleich links unterhalb von Müntzer, weisen beispielsweise strahlen- 18
förmig zulaufende Speerenden und Schwerter auf eine Gestalt, die indes von keiner
der Waffen tatsächlich getroffen wird. Dennoch ist das Bedrohliche der Lage allein
über die Form sofort zu spüren. Eine ähnliche Funktion hat auch das rote Tuch, das
am linken Rand der Schlacht vor dem Pferd eines der Ritter gleich einer Feuerzunge 14 / 15
emporschlägt. Über Motivzitate der Zeit werden zudem ganz unterschiedliche Bedeu-
tungsnuancen zusätzlich in die Handlung eingeführt. Basiert die zuerst besprochene
Szene links vor Müntzer etwa auf einem Holzschnitt aus einem lothringischen Bericht
über das Blutbad von Zabern im Elsaß am 16. Mai 1525, so geht der Reiter hinter dem
Tuch auf das Monatsbild »März« aus dem überaus rätselhaften Wandbildzyklus im
Saal der Monate im Palazzo Schifanoia in Ferrara zurück, das Francesco del Cossa um
1470 ausgeführt hat.

Rätselhaft ist auch das Geschehen vor der gestreiften Fahne, vor der ein silbrig glän- 16
zender schwarzer Hahn aufgeregt emporflattert. Durch seine dunkle Gestalt deutlich
vom Untergrund abgehoben, wirkt das Tier angriffsbereit, ja aggressiv. Angesichts der
drohend aufragenden Lanze, deren Spitze bedeutungsvoll auf den Flugschatten weist,
scheint es zugleich jedoch verzweifelt um sein Leben zu kämpfen. Als Symboltier hat
der Hahn eine reiche Tradition. Er gilt als Künder des Lichts und damit als Zeichen

der Hoffnung, unter Bezug auf die Bibel aber auch als Mahnung, das Wort Gottes nicht zu verleugnen. Während des Bauernkrieges war der Hahn zudem ein Symbol des Widerstandes gegen klerikale wie adlige Unterdrückung. Ein schwarzer Hahn aber galt den Glaubenswächtern der Kirche lange schon als Handlanger des Teufels, ja als dieser selbst, so dass Umberto Eco den Inquisitor im »Namen der Rose« sagen lassen konnte: »Und der Teufel persönlich zeigte sich ihnen … in Gestalt eines schwarzen Hahns.« All dies macht ihn im Kontext des Bildes zu einem höchst vielschichtigen Symbol, das sich auch in der Farbe deutlich auf Müntzer, den Prediger des Aufruhrs und »Satan zu Allstedt« (wie Luther ihn nannte), bezieht.

Obwohl räumlich weiter hinten, ergibt sich formal ein Handlungszusammenhang zwischen der Fahne mit dem Hahn und der prächtigen Erscheinung eines Fürsten,
14 / 16 der im Zentrum des Gemetzels mit seinem strahlend weißen Pferd, dem alten Symbol herrscherlicher Macht, den Blick immer wieder auf sich zieht. Um wen es sich handelt, bleibt indes unklar. Ist er schlicht der Führer der feudalen Streitmacht, oder ist er das Wunschbild eines idealen Herrschers, eines »letzten Ritters«, an den sich wie an Kaiser Maximilian I. alle Hoffnung auf das nahe Gottesreich knüpfen kann? Ist er der erste der vier apokalyptischen Reiter oder eine Art Heiliger Georg, der Drachentöter, der den Teufel besiegt? Oder haben wir es hier mit einer Anspielung auf Huttens »Pfaffenkrieg« oder gar den Aufstand der Reichsritter unter Franz von Sickingen zu tun? Wir wissen es nicht, und eine endgültige Bestimmung der Figur ist wohl auch nicht notwendig, denn ein Großteil der Magie des gesamten Bildes liegt gerade in seiner Vieldeutigkeit, seiner Ambivalenz, seiner komplexen Widersprüchlichkeit. In jedem Falle aber spiegelt sich im erbarmungslosen Gegenüber der Kontrahenten sinnbildhaft das Wesen der ganzen Auseinandersetzung zwischen der Obrigkeit und einem als Ketzer verteufelten Thomas Müntzer, dessen Vorstellung vom Gottesvolk sich letztlich als tragischer Irrtum erwiesen hat.

Immer wieder finden sich so Schlüsselmotive, die das Ereignishafte der Darstellung überlagern und vielschichtige, inhaltlich übergreifende Sinnzusammenhänge bewah-
23 ren. Dazu gehört auch jene unscheinbare Dreiergruppe am unteren Bildrand, die sich links von der Brunnenrunde gleich hinter dem Erdwall befindet. Eine unbewaffnete
18 / 19 Figur im Goldgewand, die farblich mit der Betenden zu Füßen des über Müntzer und die Schlacht triumphierenden Todes korrespondiert, hebt flehend ein kleines Kruzifix zum Scheitel des Regenbogens, dem traditionellen Thron des Weltenrichters am Tag des Jüngsten Gerichtes, empor. Während in hingebungsvoller Gebärde ein anderer die Hände aufhält, wird sie hinterrücks erstochen. Endzeiterwartung und heimtückischer Überfall verbinden sich zu einer Sinnfigur der Tragik wie der Vergeblichkeit religiöser Hoffnung auf Erlösung.

Diese kleine Szene am Rande verdichtet sinnbildlich noch einmal das Schicksal der Frankenhäuser Schlacht, in der durch den Wortbruch der Fürsten während der Predigt Müntzers die Mehrzahl der Bauern den Tod fand. Sie bildet damit auch eine Art Kontrapunkt zu dem hoffnungsvollen Aufbegehren der Bauern unter dem Banner der Freiheit, das Tübke als viertes Element der Kreuzkomposition in die Schlacht eingefügt 17 / 24
hat. Gleichsam als Leitmotiv weht die Fahne der »Frÿheit« über dem Sturm der Empörer, deren Gewalt jeden Widerstand der Reisigen und Kriegsknechte zu Boden sticht. Das Gemetzel unter dem Zeichen der Freiheit bildet so das hoffnungsvolle Gegenüber zum wütenden Angriff der Fürsten, deren Reiterei auf der anderen Seite der Schlacht gnadenlos den Haufen der Aufständischen niedermacht.

Mit der Fahne der »Frÿheit« verbindet sich jedoch noch ein anderer, tieferliegender 24
Sinn. Ende 1520 war Luthers Schrift »Von der Freiheit eines Christenmenschen« erschienen, in der der Reformator entschieden die geistliche Freiheit des Glaubens vom dienenden Gehorsam gegenüber der von Gott gesetzten Obrigkeit trennte. Thomas Murner, ein humanistisch gebildeter Franziskaner und nach anfänglich proreformatorischer Haltung seit Anfang der 1520er Jahre einer der erbittertsten Gegner Luthers, verfasste nach dessen endgültigem Bruch mit Rom, wie er sich 1520 in der Schrift »Von der babylonischen Gefangenschaft der Kirche« manifestierte, seinerseits 1522 eine beißende Satire mit dem Titel »Von dem großen Lutherischen Narren«, in der unter anderem behauptet wird, Luther habe die Fahne der christlichen Freiheit gestohlen und das Volk zum Aufruhr gebracht. Eine der Holzschnittillustrationen zeigt jene Fahne mit der Aufschrift »Frÿheit«, die Werner Tübke hier so bedeutungsvoll zum Bezugspunkt der Darstellung erhoben hat.

Indem der Künstler das Fahnenmotiv mit dem bewaffneten Aufstand der Bauern in Verbindung bringt, verweist er nicht nur auf Murners reformationsfeindliche Lutherkritik. Er reflektiert auch die Tatsache, dass Luthers Auffassung von der Freiheit des Glaubens in radikaler Konsequenz seiner grundlegend antirömischen Kirchenkritik zur Legitimation des Kampfes um soziale Besserung und Gerechtigkeit herangezogen worden ist. Tatsächlich basierten die Forderungen der Aufständischen (wie sie etwa in den Zwölf Artikeln der Schwäbischen Bauernschaft vom März 1525 niedergelegt sind) vielfach auf Luthers Schrift über die christliche Freiheit, auf die man sich in missverstandener Auslegung immer wieder berief und die bis zum Ende des Bauernkrieges in zahlreichen Auflagen weite Verbreitung fand. Auf hintergründige Weise klingt so auch hier der Zusammenhang von Luthers Reformation und dem deutschen Bauernkrieg an.

Wie weit der Maler in der Durchdringung des Stoffes geht, zeigt die Anbetung der Teufelsgeburt am Rande der Szene, in der sich Hinweise auf übersteigerte Frömmigkeit 17 / 25 und Bilderverehrung mit Exorzismus und Abgötterei verbinden. So tritt Murner in seiner Streitschrift als »Beschwörer« dem »großen Lutherischen Narren« entgegen, dessen Schreckgestalt durch die Teufelsaustreibung des »Beschwörers« entlarvt werden soll als Verkörperung all jener bösen Mächte, die durch den Reformator und das Aufbegehren der Laien, besonders aber der Bauern, entfesselt worden seien. Dahinter stecken aber auch Aspekte der Marienverehrung, wie sie Michael Ostendorfer in einem großformatigen Holzschnitt um 1520 als »Wallfahrt zur schönen Maria von Regensburg« dargestellt hat, den Dürer eigenhändig als »Gespenst wider die Heilige Schrift« kommentiert haben soll, während Luther solcherlei Praktiken gänzlich als »Teufelsgespenst« sah, das nur dazu diene, einen »falschen, erdichteten Glauben aufzurichten«, Geldgeschäfte zu machen und das arme, unwissende Volk an der Nase herumzuführen.

Dabei treibt die Weltgeschichte bei Tübke unaufhaltsam ihrer Apokalypse entgegen. So zeigt die im Anschluss an den Regenbogen keilförmig von oben hereinbrechende Lawine stürzender Körper den Höllensturz der
25 Verdammten am Tage des Gerichts. Und auch dafür gibt es eine *reale* Erklärung, denn das gesamte Denken und Handeln der Menschen damals war religiös geprägt. Umfassende Krisenerscheinungen in der Gesellschaft, verheerende Seuchen, Hungersnot und unerklärliche Naturereignisse hatten zu Verunsicherungen und Existenzangst geführt, die sich letztlich in einer bis zur Ekstase übersteigerten Volksfrömmigkeit, dem Ruf nach einer grundlegenden »reformatio« und dem Streben nach einer endlichen Veränderung der Missstände äußerten. Der Wille zur Erneuerung, zu einer tiefgreifenden Umgestaltung der bestehenden Ordnung, wurde dabei vielfach durch apokalyptische und chiliastische Prophezeiungen vom Weltende und dem Heraufkommen eines neuen Gottesreiches genährt. Der Glaube an das unmittelbare Bevorstehen des Himmlischen Strafgerichtes, dessen furchtvolle Erwartung sich für die Armen und Geknechteten oft mit der Hoffnung auf ausgleichende Gerechtigkeit verband, war allgegenwärtig. Von derartigem Endzeitbewusstsein getrieben, hielt auch Thomas Müntzer, der »Theologe des Gerichts«, den Zeitpunkt für gekommen, das göttliche Urteil über die Auserwählten und die Verdammten zu vollziehen. Dementsprechend sind es vor allem die Vertreter der als gottlos gesehenen Obrigkeit, die hier die Strafe trifft. Der Höllensturz der Verdammten offenbart sich als Gerechtigkeitsvision des armen gemeinen Mannes, die unmittelbar auf Müntzer und die Schlacht unter dem Regenbogen bezogen ist. Mehr noch: Das Kampfgetümmel unter der Fahne der Freiheit erscheint wie ein irdischer Spiegel dieser düsteren Offenbarung, die über das Schlüsselmotiv der Handwaschung des Pilatus ihr reales Gegenstück in der Galgenszene am unteren Bildrand mit der Unrechtspraxis der Herrschenden findet.

Doch bevor wir uns Pilatus und der herrschenden Rechtsprechung zuwenden, sei
noch ein Wort zu der Gestalt auf der Kugel gesagt. Es ist Justitia, die Tugend der **27**
Gerechtigkeit, die an Stelle des Seelenwägers, des Erzengels Michael, am Fußpunkt des
Figurenstrudels auf der Weltkugel balanciert. Ihre Waage neigt sich zugunsten des von
der Last der Bibel zu Boden gedrückten, gefesselten Bundschuhbauern. Das Schwert
aber, das Symbol der Strafe, weist sie dem Adel, der sich zu ihrer Rechten dem Richter-
spruch scheinheilig zu entwinden sucht. Selbst die Goldmünzen in der linken Schale
können dieses Urteil nicht ändern. Das Schicksal der fürstlichen Obrigkeit scheint
besiegelt. Als Allegorie der himmlischen Gerechtigkeit ergreift die Justitia also Partei.
Damit ist auch erklärt, warum die Augenbinde, die im »Narrenschiff« von Sebastian
Brant noch als Spottbild ihrer Blindheit gilt, nicht länger ihren Blick versperrt.

Doch ihre Haltung auf der Kugel, die variiert in der Figur des Pilatus wiederkehrt, signalisiert Wankelmut und Unbeständigkeit. Die endzeitliche Verheißung von einer irdischen Verwirklichung göttlicher Gerechtigkeit bleibt nur eine Fiktion. Der sonst zumeist hoheitsvoll auf dem Scheitel eines Regenbogens thronende Christus als Weltenrichter befindet sich schließlich selbst in einer höchst fatalen Lage. Er erscheint gleichsam wie aus vogelperspektivischer Sicht als Gekreuzigter rücklings schwebend in extremer Verkürzung. Schwert und Lilie (die Zeichen des Zorns und der Gnade), die ursprünglich aus seinem Munde wachsen, spannen seine ausgebreiteten Arme dabei weit auseinander. Angesichts der Niederlage der Aufständischen, der zerstörten Hoffnung auf eine bessere Zukunft in einer gerechteren Welt, erklärt sich sein Sinn. Die große Vision von der Aufrichtung eines neuen Gottesreiches auf Erden ist gescheitert. Die Gleichsetzung von Auserwählten und einfachem Volk hat sich als folgenschwerer Irrtum erwiesen.

Am Rande der Untergangsvision ist auch das Standbild einer Madonna mit Kind **25**
vom Höllensturz erfasst. Die Anregung zu dieser Figur gab Werner Tübke wohl eine um
1764 entstandene Holzskulptur von Ignaz Günther in Weyarn, die Maria in der Rolle
der Immaculata als Siegerin über die Schlange zeigt. Auch Tübke malte sie mit der Welt-
kugel zu ihren Füßen, um die sich das Böse in Gestalt einer Feuer speienden Schlange
gewunden hat. Doch der Lanzenstab des Kindes ist gebrochen, und unmittelbar dahin-
ter scheint das päpstliche Schiff der Kirche längst schon dem Untergang geweiht. Es
geht hier also nicht nur um den Marienkult der Papstkirche, wie er mit der Betenden
unterhalb der Teufelsaustreibung bereits angeklungen war, es geht um die Institution
selbst, denn in ihrer Einbindung in das sich vollziehende Weltgericht ist die Marienfigur
zugleich auch das Apokalyptische Weib, das in der Deutung als Ecclesia die Kirche als
Ganzes symbolisiert. Das Sinnbild der Kirche gehört mithin selbst zu den Gottlosen
und Verdammten, die am Tage des Gerichts der Vernichtung anheim gegeben sind.

Tatsächlich wurde die Papstkirche in der antirömischen Polemik der Reformationszeit immer wieder mit dem Antichrist identifiziert. Cranach tat dies 1521 in seiner Holzschnittfolge des »Passional Christi und Antichristi«. Und auch Luther war da nicht zimperlich. So verdammte er schon in seiner Entgegnung auf die Bannandrohungsbulle von Papst Leo X. diesen 1520 als den wahren Antichrist. Der Titelholzschnitt seiner Schrift »Wider das Papsttum zu Rom, vom Teufel gestift« (1545) zeigte schließlich den Papst als Fürst der Hölle, und zur »Geburt des Papsttums«, einem Einzelblatt der Cranach-Werkstatt, das zusammen mit anderen Holzschnittpamphleten ebenfalls 1545 in Buchform herauskam, schrieb er im Beitext: »Hie wird geborn der Widerchrist …«

Genau im Brennpunkt zwischen der Vision vom Himmlischen Strafgericht und der Realität der irdischen Gerichtsbarkeit vollzieht sich die zur emblematischen Bildfor-
28 mel verkürzte Handwaschung des Pilatus. Als Statthalter der römischen Provinz Judäa hatte er Jesus auf Druck der Juden zum Tod am Kreuz verurteilt. Zum Zeichen seiner Unschuld soll er nach altem Brauch anschließend seine Hände in ein Wasserbecken getaucht haben. Die symbolisch gemeinte, für die Schuldfrage letztlich aber unmaßgebliche, da nutzlose, inzwischen jedoch sprichwörtlich gewordene Geste des Pilatus wird hier vielsagend von einem spöttisch tanzenden Narren kommentiert. Dabei ist Pilatus, dessen Becken mit dem Dämon eines darunter lauernden Drachen fast verschmilzt, für Tübke keineswegs nur eine negative Figur. Der Maler sah ihn – bei aller Kritik – auch als eine tragische Gestalt, die im Zwang äußerer Umstände zerbricht und so am Tod eines Menschen schuldig geworden ist.

Thematisch wie kompositorisch der Achse der Gerechtigkeit zugehörig, hat der Maler der Vision vom Himmlischen Gericht am unteren Bildrand die reale Willkür
29 der obrigkeitlichen Rechtsprechung entgegengesetzt. Grelles Licht überstrahlt die Szenerie, deren pyramidaler Aufbau oben mit der Balkenkonstruktion eines Doppelgalgens abgeschlossen wird. Während im Halbdunkel zwei Herren in blockhaft-strenger Robe verharren und das Geschehen von der Seite beobachten, hängen am Gebälk die puppenhaften Körper eines eher schlicht gekleideten Mannes und einer vergleichsweise reich gewandeten, verhüllten Frau.

Gleich mehrere Inspirationsquellen hat der Künstler hier zu einem vielschichtigen, auch gegenteilige Aussagen verknüpfenden Sinnbild zusammengeführt. Die Vorführung eines wohl zum Tode Verurteilten aus dem »Glücksbuch« (dem so genannten »Trostspiegel«) des Petrarca-Meisters gehört ebenso dazu wie die Hinrichtung von Wiedertäufern, eine Ketzerverbrennung aus einem zeitgenössischen Historienbericht, eine anonyme Allegorie auf das ungerechte »Spinnennetz der Rechtsprechung« und ein höfisches Tanzfest, angelehnt an einen Holzschnitt von Albrecht Dürer nach einem Motiv aus dem »Freydal«, dem unvollendet gebliebenen Turnierbuch Kaiser Maximilians I., das in stereotyper Selbstdarstellung die »angeborene ritterliche Tugend« des Adels beschwört.

Besonders eindrucksvoll sind hier die zwar lebensgroß wirkenden, im Original aber mehr als drei Meter hohen Rückenfiguren des tanzenden Adels, der durch den Dämon zu seinen Füßen abermals als gottlos, teuflisch und verworfen gekennzeichnet wird. Der Dämon aber ist Bahomet, das Kultsymbol der Templer, einem geistlichen Ritterorden, der aus den Kreuzzügen hervorgegangen war und nach dem Vorwurf der Blasphemie und Ketzerei nahezu komplett der Inquisition zum Opfer fiel. Doch welche Bedeutung man den Adelsleuten auch zuweist, ihr Fortschreiten führt sie unmittelbar zur Stätte der Hinrichtung. Ein Dritter, der sich in den Tanz um die gefesselte und strangulierte Edelfrau am Balken einreiht, scheint das Paar mit hinterhältiger Miene gar selbst an den Galgen zu geleiten. Unvermittelt wird nun auch bewusst, dass der Dolch an seinem Gürtel zugleich in der Brust der Frau zu stecken scheint. Dass dies kein Zufall ist, beweist nicht nur die Dornenkrone auf ihrem Haupt, sondern ebenso die Ausdruckskraft ihrer widersprüchlichen Bewegungshaltung. Im abrupten Innehalten der schwungvollen Vorwärtsbewegung einbegreift sie auch den Moment des Sterbens.

Das übergroße Spinnennetz, mit dem die Rahmenkonstruktion des Galgens vertäut ist, steht in Anlehnung an einen zeitgenössischen Einblattholzschnitt ursprünglich indes als Sinnbild für eine korrumpierte Rechtsprechung, die den armen Mann richtet, den reichen und mächtigen aber immer wieder verschont. Weit über die moralisierende Forderung der Bezugsquelle hinaus, dass man sich »der armen sach erbarmen« muss, lässt Tübke den höfischen Tanz des Adels jedoch ebenfalls mit dem Tode enden. Die himmlische Vision des Sturzes der Herrschenden ist vom Maler mithin in die historische Perspektive eines gesellschaftlichen Standes gerückt, der unaufhaltsam seinem eigenen Untergang entgegengeht.

Rechts neben dem geschmeidig-graziösen Totentanz des Adels hat sich eine vornehme Gesellschaft von Patriziern zum Festschmaus versammelt, während ein Bauern- 25 / 30
paar mit gebeugtem Rücken weitere Naturalien heranschleppt. Hat sich der Maler bei der alten Bauersfrau mit den Eiern und der Gans von einem Holzschnitt des Dürer-Schülers Hans Schäufelein aus dem Jahr 1517 inspirieren lassen, der die Ablieferung des Zehnten, der damals obligaten Steuerabgabe, zeigt, so basiert die Szene am Tisch wiederum auf einem Holzschnitt des Petrarca-Meisters, dessen umfangreiches grafisches Werk für Tübke sicher zu den wichtigsten Quellen einer möglichst authentischen Bildschöpfung gehört hat. An der Nahtstelle zwischen Bürgern und Bauern hinzugesetzt ist die eindrucksvolle Erscheinung einer jungen Dame, die – mit der Rechten das kostbare Gewand raffend – in einer Mischung aus Anmut und Arroganz über die Schulter wohl zu dem adligen Tänzer schaut, dem ein Hund mit dem Zeichen der

Krone auf dem Leib gerade an das Bein macht. Die Gestalt der rotblonden Schönen mit dem wallenden Haar ist eine der faszinierendsten Bilderfindungen Werner Tübkes in diesem Gemälde und ein weiterer vorzüglicher Beweis für seine außerordentliche künstlerische Formulierungskraft. Dabei geht auch diese Figur auf einen Holzschnitt des Petrarca-Meisters zurück: die Darstellung selbstgefälliger Eitelkeit einer herrschaftlichen Dame, entnommen dem schon mehrfach erwähnten »Trostspiegel«. Der Pfau, der der Figur im Holzschnitt beigegeben wurde, findet sich bei Tübke im Übrigen als
54 Federstrauß zu Füßen eines fürstlichen Reiters wieder, der im Zentrum des Felsentales
5 knapp fünfzig Meter weiter rechts steht. Der Bezug zur galoppierenden Eitelkeit im Schnee ist indes offensichtlich. Immer wieder gelingt es dem Maler so, das Wesen sozialer Beziehungen zwischen Arm und Reich in einer Herrscher und Beherrschte polarisierenden Ständegesellschaft mit einer fundamentalen Moralkritik zu einem grandiosen Historienpanorama menschlicher Leidenschaften zu verbinden.

30 Gleich hinter der bürgerlichen Tafel zelebriert der hohe Adel im gemauerten Geviert ein höfisches Fest. Mit Dudelsack und Pfeife, den Instrumenten der fahrenden Sänger und Narren, wird hier der feudalen Gesellschaft zum Tanz aufgespielt, während links auf der Mauerkrone abermals ein Teufelsdrachen im Verein mit den zwei dunklen Gestalten hinter der Wand heraufziehendes Unheil, ja Verderben apostrophiert.

Als krönenden Abschluss zum verinselten Lebensbereich der Herrschenden hat der
25 Maler den Höflingen eine Schar von Posaunenbläsern hinter das Mauerwerk gesetzt. Die in sich ruhende, tektonische Sperrform der Wand kontrastiert dabei wirkungsvoll mit dem kraftgeladen-expansiven Schwung der großen, trichterähnlichen Instrumente. Der dröhnende Klang der Posaunen ist offenbar auch nicht ohne Wirkung geblieben. Vom Zentrum der Bläsergruppe aus geht bereits der erste Riss durch das Gemäuer, das dem feudalen Dasein sinnbildlich den Rahmen gibt und als Zone des Verderbens den Herrschaftsbereich einer sich abgrenzenden, perspektivlos eingeschlossenen Adelskaste umschreibt.

Das Motiv der Posaunenbläser assoziiert den Gedanken an die biblische Legende um die Stadt Jericho, deren Mauern stürzten, als der Schall der Hörner das Volk Israel zum Angriff rief. Dem Text des Buches Josua folgend konnten die Belagerer daraufhin mit Gottes Hilfe die feindliche Stadt besetzen und die Einwohner vernichten. Indem Werner Tübke hier die Grundmauern der Adelsgesellschaft zum Bezugssystem erhebt, ergibt sich jedoch ein ganz neuer, aktualisierter Sinn. Die Gruppe mit den Signalhörnern wird zum Menetekel des Untergangs der fürstlichen Obrigkeit und zum Zeichen der siegreichen Gewalt, mit der in der Vorstellung der Aufständischen das Gottesvolk der Auserwählten und Gerechten nach biblischem Recht seine Forderungen nach Besserung der Lage durchzusetzen erhofft.

Ikonografisch steht der Fall von Jericho zugleich als Sinnbild für das Weltgericht. So erklärt sich nicht nur, warum bei Tübke statt der im Alten Testament erwähnten sieben nun vierzehn Posaunen zu sehen sind. Auch die kompositorische Verbindung zum Jüngsten Gericht erfährt damit ihre Begründung. Denn es sind die sieben Posaunen des Himmlischen Strafgerichts, die in der Offenbarung des Johannes die endgültige Vernichtung der Gottlosen und Verdammten ankündigen und schließlich mit dem Schall der letzten Posaune zum Ausruf des ewigen, allumfassenden Reiches Christi überleiten.

Oberhalb der Posaunenbläser öffnet sich der Blick auf eine genrehafte Szenenfolge 25 / 26
bäuerlicher Arbeit, die sich von der Justitia über ein freies Wiesenstück bis hinüber zum Interieur einer Druckwerkstatt zieht, neben der zu unserer Überraschung der Künstler selbst mit seiner Frau steht. Unbekümmert von den dramatisch bewegten Vorgängen hinter der Böschung wie von dem Strudel des Himmlischen Strafgerichtes widmen sich die Bauern ihren friedlichen Tagesaufgaben: Ein Schaf wird geschoren, der Boden gepflügt, Heu gewendet, ein Zaun geflochten und die Sense geschärft. Das dynamisch-ornamentale Bewegungsmuster des im Wind flatternden Fahnenbandes und der Segel, das das Treiben auf dem Wiesenhang im Hintergrund begleitet, signalisiert dabei nicht nur den Aufbruch in die Zeit der großen geografischen Entdeckungen, des Welthandels in Übersee, und in diesem Sinne zu neuen Horizonten des Daseins. Es korrespondiert auch beziehungsreich mit der Geschäftigkeit und Aktivität der im Handlungsfluss dem Verlauf der Bodenwelle folgenden Figurenreihung der Bauern. Zugleich wird selbst noch in dieser am oberen Bildrand gelegenen Zone eine »Atmosphäre gewesener Wirklichkeit« (wie es Tübke einmal gesagt hat) spürbar, deren Anschaulichkeit wesentlich der in malerische Qualität gehobenen, lapidar-primitiven Formensprache altdeutscher Holzschnitte erwächst, die der Künstler als zeitauthentische Motivvorlage hier unter anderem der Straßburger Vergil-Ausgabe Sebastian Brants von 1502 entnommen hat.

Doch das Leben der Bauern ist nicht so unbeschwert, wie es scheint. So endet die Figurenkette links zu Füßen der Justitia mit Darstellungen von Kornwucher, Strafe, Unterdrückung und Abgabenlast. Gleiches gilt für die höchst rätselhafte Szenerie, die im Scheitel jener Motivkette des arbeitenden und tanzenden Volkes platziert ist, welche wie ein übergroßes kompositorisches Fragezeichen mit zunehmender Kraftentfaltung vom Jüngsten Gericht bis herab an den unteren Bildrand schwingt und in den Ver-
lockungen einer Kupplerin ihren Kontrapunkt und auch Abschluss findet. Es geht um 33
die Szenerie mit den drei Zelten hinter der Druckwerkstatt. Nach dem Vorbild eines 31
Einblattdruckes aus der Zeit um 1530/35 wird hier die Fabel vom Krieg der Hunde, Katzen und Mäuse erzählt. Während sich in der Mitte die Hunde und Katzen im verbissenen Kampf aufeinander stürzen, scheinen rechts die Mäuse vor dem Angriff der

Katzen die Flucht zu ergreifen. In der Konfrontation der Tiere wird dabei das sprichwörtlich gewordene Verhältnis zwischen Hund und Katze beziehungsweise Katze und Maus zum zeitkritischen Gleichnis gesellschaftlich-sozialer Konflikte, wie sie in der Flugblattgrafik des frühen 16. Jahrhunderts vielfach allegorisch verschlüsselt dargestellt worden sind.

Der tiefere Sinn der Darstellung erschließt sich jedoch erst, wenn man die Fabel, wie sie in der Bildvorlage überliefert ist, kennt. In diesem Zusammenhang ist die Figurengruppe mit den beiden Hunden vor dem roten Zelt und dem Bauern, der gerade einen Ochsen schlachtet, von besonderem Gewicht. Obwohl die Schlachtszene eher dem Arbeitsalltag der Bauern auf dem Lande zugehörig scheint, bietet sie den Schlüssel zum Verständnis des ganzen Motivs. Im Disput mit dem Bauern fordern die Hunde nämlich einen Anteil vom geschlachteten Vieh. Entsprechend der Fabel weigert sich der Landmann jedoch, dieser Forderung nachzukommen, da die Hunde ihr verbrieftes Recht auf den Erhalt von Abgaben nicht mehr schriftlich nachweisen können. Den Verlust des Dokuments haben nach Meinung der Hunde die Katzen zu verantworten, die ihrerseits den Mäusen, die den Brief auch tatsächlich vernichtet haben, die Schuld geben. Daraufhin entbrennt der Kampf zwischen den Tieren.

Der Aussagewert dieser zeitgenössischen Parabel schließt damit unmittelbar an die Szene mit den Bauern und der Festtafel der Reichen am unteren Bildrand an: Sie schildert nicht nur die Uneinigkeit, Missgunst und Zerstrittenheit der Herrschenden, ja der ganzen Ständegesellschaft, sie ist auch ein Bild dafür, dass die Bauern nicht weiterhin bereit sind, beliebig festgelegte Abgaben an die Obrigkeit zu entrichten. Die Verweigerung eines unrechtmäßig hohen Zehnt ist durch historisches Quellenmaterial in der Tat vielfach belegt.

Hinter solch historisierender Betrachtung des Bildprogramms aber liegt ein Wahrheitskern von großer Verallgemeinerungskraft, der zeitlos ist und eindrucksvoll die noch immer brennende Aktualität des Dargestellten vor Augen führt. Wie sehr der Künstler darüber hinaus auch ganz persönliche, private Aspekte im historischen Gewand des Bildes gespiegelt hat, mag an dieser Stelle thesenhaft an einem bislang unbeachte-
32 ten Zusammenhang verdeutlicht sein. Vom Selbstbildnis des Malers rechts neben der Druckwerkstatt, die gut sichtbar auch seinen Namenszug trägt, war schon die Rede. Nicht zufällig hat der Künstler sich hier den Sinnbildern menschlicher Schöpferkraft zugeordnet und die Einsamkeit seines Schaffens eingespannt in ein Kontinuum von Arbeitslast und lustvoller Erfüllung. Mehrfach hatte er betont, dass dieser Riesenauftrag der größte Glücksfall für ihn sei, da er sich als Maler nun endlich einmal richtig »austoben« könne. Bei kleineren Formaten würde er sich immer wieder ärgern, zu schnell an den Rand zu kommen. Und wer habe schon die Möglichkeit, sich so konzentriert

auf eine Arbeit einzulassen und in solchem Rahmen auch noch ganz Persönliches, die ganze Welt seiner eigenen Gedanken und Empfindungen uneingeschränkt sichtbar zu machen? Andererseits bedeutete die Zeit der Arbeitsfron an seinem Bild für ihn selbst eine Anspannung bis zum Zerreißen, in eigenen Worten »elf Jahre Elend«.

Doch mit Tübkes Selbstbildnis, dessen zum Himmel gerichteter Blick auch vom Empfang höherer Eingebungen spricht, verbindet sich hier noch sehr viel mehr! Gleich hinter dem Maler sitzt seine dritte Frau, Brigitte Tübke-Schellenberger, hoch zu Ross, den Blick über die Schulter dem Betrachter zugekehrt. Während sie mit der Linken eine verloschene Kerze emporhält, weist sie mit der Rechten auf einen Toten, dem ein dämonischer Engel die Seele aus dem Mund zieht. Das gleiche Motiv war schon Gegenstand einer großformatigen Zwischenfassung aus dem Jahr 1982. Es ist die Angstvision vom eigenen Tod, die der Maler hier unter Bezug auf Luthers »Sermon von der Bereitung zum Sterben« (1519) eingefügt hat. Der Künstler selbst sah die Szene im Übrigen noch sehr viel intimer, auch wenn er dies später bestritt. In einem Interview anlässlich der Vollendung des Bildes im Jahre 1987 bekannte er jedenfalls: »Allerdings gibt es auch sehr persönliche Dinge, die ein Außenstehender nicht entschlüsseln kann. Beispielsweise ist in einer Szene meine Frau hoch zu Pferde mit der Zigarette in der erhobenen Hand gemalt. Ohne Kommentar.« Schließlich ergibt sich über eine Distanz von annähernd zwanzig Metern hier aber auch noch ein anderer, vergleichbar privater Zusammenhang. So verbindet die Motivkette des arbeitenden Volkes den Maler und seine Frau mit der Personifikation der Justitia an der Spitze des Strafgerichtes. In der
Edeldame links von der Gerechtigkeit kann man unschwer das Bildnis von Tübkes 27
zweiter Frau, der Malerin Angelika Tübke, erkennen. Die Trennung von ihr war im Jahr der Auftragsübernahme erfolgt. Noch im gleichen Jahr aber heiratete der Maler erneut, und zwar die Anwältin der Gegenseite, die Reiterin auf dem Pferd. So wie
Tübkes Hund, Jule, der Dackel, im Schneefeld unter der Richtstatt steht, sind auch 3
hier intimste Bezüge in den Zirkel der Geschichte gewebt.

Doch wenden wir uns wieder der Historie zu. Rechts vom Selbstbildnis des Künstlers setzt sich das Geschehen über nahezu fünfundzwanzig Meter
auf einer Wiesenfläche fort, über der gleich einer aufgeplatzten Seifen- 39
blase eine riesige transparente Kugel thront. Als Symbol des Himmels 40
umschließt sie die Erde, dargestellt in Form einer Scheibe, auf der sich unter dem wachen Auge Gottes, dem Signum der Dreifaltigkeit, der blutrote Hügel von Golgatha erhebt. Gleich zwei Quellen hat der Künstler hier in neuer Sinngebung vereint: die Schöpfungsgeschichte wie sie Hieronymus Bosch als Sphaira auf den Außenflügeln seines Altars mit dem Garten der Lüste, auch »Das Tausendjährige Reich« genannt,

zusammengefasst hat, und die Passionsgeschichte von der Rückseite einer kleinen Tafel desselben Malers, die Johannes auf Patmos zeigt. Auf der Erde aber haben sich Heerscharen von Auserwählten um den Kalvarienberg versammelt, um der Kreuzbesteigung Christi, wahrscheinlicher aber dessen endlicher Wiederkunft bei Anbruch des Tausendjährigen Reiches ihre Huld zu erweisen. Bedenkt man, dass Boschs Bild vom dritten Schöpfungstag gleichfalls in diesem endzeitlichen Kontext steht, wird klar, welche Botschaft Gegenstand der Verkündigung ist: die nahe Wiederkunft Christi und der Anbruch eines Tausendjährigen Zwischenreiches der Freude und des Friedens auf Erden, nach dessen Ablauf der Untergang der Welt, die Auferstehung der Toten und das Weltgericht mit Himmel und Hölle folgen werden. Dies ist Tübkes bildgewordene Vision der Verkündigung, dies ist die Verheißung, deren fundamentale Bedeutung durch die zugeordnete Kugel höchste sinnbildhafte Steigerung erfährt.

40 / 41 Die Verkündigung selbst irritiert indes. Nicht Maria ist hier die Empfängerin der Botschaft, sondern ein Bewaffneter im zerschlissenen Rock, dessen Haupt ein grüner Heiligenschein als Zeichen der Auserwähltheit hinterfängt. Bestürzt schreckt er vor der greisen Gestalt des heranstürmenden Engels zurück, der statt der Lilie den Palmzweig des Märtyrers überbringt. Schriftpult und auch das Säulenelement gehören zwar zum traditionellen Motivvokabular einer Verkündigung, sind hier aber gleichfalls einer Umdeutung unterworfen und eher als Zeichen fehlenden Gottvertrauens und mangelnder Festigkeit im Glauben zu verstehen. Ob das Kapitell zu Füßen der Verkündigung auch eine Anspielung auf die Wiedergeburt der Antike im Geist der Renaissance meint, sei dahingestellt. Sicher ist, dass das Säulenfragment in seiner Zuordnung zu dem Erwählten symbolisch auch für die Apostel und ihre Nachfolge steht, wie die Verkopplung der Szene mit dem Pfingstwunder in einem Gemälde belegt, das als Teilvorfassung zum Thema »Ende der Narrengerichtsbarkeit« bereits 1978 entstanden ist.

Die Erhöhung der Verkündigungsszene auf dem Hügel mit dem Treppenaufgang rechts vermittelt zugleich den Eindruck von einem Bühnenspiel, dem weitere Szenen
42 flankierend beigegeben sind. So haben sich am Fuße der Treppe Maskierte zu einem so genannten »Narrengericht« versammelt, ein Fastnachtsbrauch, bei dem traditionell die bestehende Ordnung in ihr Gegenteil gekehrt, die Obrigkeit entmachtet und ungesühnte Vergehen vom Volk auf närrische Weise »bestraft« worden sind. Doch aus dem Spiel wurde unversehens tödlicher Ernst. So soll der Aufstand des »Armen Konrad« 1514 in Württemberg aus einem solchen »Narrengericht« hervorgegangen sein. Jedenfalls hat es der Dramatiker Friedrich Wolf in seinem Schauspiel vom »Armen Konrad« 1924 so auf die Bühne gebracht. Auch Tübkes Narren sind – wie wir sehen – bewaffnet.

Als Pendant zum »Narrengericht« findet sich auf der gegenüberliegenden Seite der Kugel noch eine andere Versammlung. Bewaffnetes Volk hat einen Edelmann umringt, um ihn unter Hohn von seinem hohen Ross herunterzuholen. Es geht um Verhandlung mit dem Gegner, dargestellt als handgreifliche Auseinandersetzung »im Ring«, dem gemeinschaftlichen Beratungsorgan der Aufständischen, in dem jeder einzelne Recht und Stimme hatte. Der Gedanke der Gleichheit aller »im Ring« entsprach dabei ganz dem Streben nach Gerechtigkeit in der christlichen Vereinigung – ein utopisches Unterfangen, wie die Geschichte lehrt. Die Erniedrigung des fürstlichen Herrn auf dem Pferd ist zugleich jedoch beredter Ausdruck des Zorns der Unterdrückten gegen die Tyrannei der Obrigkeit, die sich Aufruhr und Empörung des gemeinen Mannes selbst zuzuschreiben hatte, wie Müntzer in seiner »Hoch verursachten Schutzrede vnd antwwort wider das Gaistloße Sanfftlebende fleysch zů Wittenberg« 1524 betonte, die zugleich seine endgültige Abkehr von Luther bedeutet hat.

Zwischen der Szene »im Ring« und der »Versuchung des Heiligen Antonius«, die
weiter links bereits zum Motivkreis um Martin Luther gehört, lässt Tübke noch einmal 34
das Prinzip der »verkehrten Welt« im Bild zeitgenössischer Tierparabeln anklingen, wenn das Federvieh in einem Turnier auf Raubzeug gegeneinander rennt oder eine Gans den Spieß umdreht und ihren ewigen Verfolger, den Fuchs, an einem Baum aufhängt. Die zeitkritische Persiflage ist offensichtlich, sei es in der Parodie eitlen Herrschaftsgebarens oder in der Vergeltung für lang erlittene Tyrannei durch die Umkehrung der bestehenden Verhältnisse.

Doch kehren wir vom Detail noch einmal zur Überschau zurück. Die Komposi-
tion der »großen Wiese«, die der Künstler im Entwurf als erste der insgesamt fünf 39
Tafeln begonnen und ausgeführt hat, wird bestimmt von diagonalen, horizontalen und vertikalen Achsen, wobei die Verkündigung vor der Kugel an der Spitze eines Drei-
ecks steht, dessen Schenkel links von der Körperachse eines gekreuzigten Papstes und 42
rechts von einem Lichtstrahl, der in halber Höhe auf die Rückengestalt eines Sehers oder Propheten trifft, gebildet werden. Die so voneinander geschiedenen Seiten dieser Bildsequenz, die ganz nebenbei durch den Reigen der Tänzer im unteren Teil wieder miteinander verkettet werden, thematisieren vor dem Hintergrund der allgemeinen Krise in Kirche und Gesellschaft die Gegenüberstellung der zwei damals zumindest für Mitteldeutschland wichtigsten Ansätze zur Änderung der Lage unter Berufung auf das reine und unverfälschte Evangelium: Luthers Reformation (links) und Müntzers radikale Endzeitprophetie von der Aufrichtung eines Gottesreiches (rechts).

Die Verkündigung vor der Kugel, die hier weniger Maria, als Gideon, den alttestamentlichen Helden aus der Zeit der Richter, meint, auf den sich Müntzer noch kurz vor der Frankenhäuser Schlacht ausdrücklich selbst bezog, ist über den Lichtstrahl und die kraftvolle Prophetengestalt mit der Untergangsvision des Jeremia verbunden, die Tübke in Anlehnung an einen zeitgenössischen Holzschnitt als Figurenkranz um

44 / 45 einen schreienden Kopf inmitten einer stofflich indifferenten Farbwolke wiedergibt.
Der Kopf selbst, der sich im Zentrum aus einem Feuerkessel hebt, verkörpert anschau-
lich die Stimme der Weissagung, die im Geist der Verdammnis von der endlichen
Bestrafung der Gottlosen kündet. Die Gottlosen aber sind die Vertreter der Obrig-
keit, die sich in unterschiedlicher Haltung um die visionäre Erscheinung versammelt
haben. Über ihnen schweben die Engel der Apokalypse, wie sie Lucas Cranach d. Ä.
in seiner Illustration zur Offenbarung des Johannes in Luthers »Septembertestament«
dargestellt hat, während sie die Schalen des göttlichen Zorns auf Haupt und Glieder
der weltlichen wie geistlichen Herren gießen. Alttestamentarische und neutestamen-
tarische Visionen vom Strafgericht Gottes überlagern und durchdringen sich hier aufs
Neue in einer Weise, die für die Vielschichtigkeit des Bildes absolut kennzeichnend ist.
Doch wie immer modifiziert der Künstler auch die Quellen. So gibt es statt sieben nur
sechs Engel, von denen der ganz rechte in genauer Wiederholung der Lichtgestalt über
der Schlacht gleichfalls rücklings stürzend wiedergegeben ist. Er mag hier nicht nur
in seiner ursprünglichen Bedeutung als Personifikation geistlicher Gleisnerei gedeutet
sein, sondern auch als der siebente der apokalyptischen Engel, der seine Schale in die
Luft ergießt, was ein Erdbeben »wie solches nicht gewesen ist, seit Menschen auf Erden
gewesen sind« (Offb. 16, 17–21), Blitz, Donner und Hagel bringen soll. Auf solche, in
sich höchst stimmige Weise hat der Maler den Übergang zu den drohenden Himmels-
46 erscheinungen im Anschluss nach rechts geschaffen, mit denen wiederum eine neue
Sinnebene des Bildes ihren Anfang nimmt.

Welchen Realitätsgrad der Maler solcher Vision vom Untergang der Gottlosen indes
44 zuweist, zeigt der Narr im Humanistenmantel, der sich mit vielsagender Geste an die
Stirn tippt, der Szene den Rücken kehrt und mit raumgreifenden Schritten aus dem Bild
auf den Betrachter zueilt. Die Bedeutung dieser Kommentatorfigur wird im Übrigen
auch dadurch unterstrichen, dass sie sich genau in der Verlängerung des prophetischen
Lichtstrahls am unteren Rand – quasi auf Augenhöhe mit dem Betrachter – befindet,
also auf einer Achse mit der Kugel und der Verkündigung vom Anbruch einer neuen
Welt, die die alte radikal in Frage stellt.

Spiegelt diese Vision Kerngedanken der Müntzerschen Auffassung von Glaube und
39 Welt, so ist die linke Hälfte dieser Sequenz ganz dem Antiromkampf Luthers gewid-
met. Dabei ist viel Polemik im Spiel, auch Widersprüchliches und Deftiges bis hin zu
einer grundsätzlichen Kirchenkritik. So findet sich gleich unterhalb der Verkündigung
40 und dem Säulenkapitell die steingraue Gestalt des Papstes als böser Schächer am Kreuz,
von Teufeln gepeinigt und dem Fegefeuer bedroht. Der Papst erscheint als Opfer seiner
eigenen gottlosen Machenschaften. Er wird zur Inkarnation des Bösen, des Wider-
christ, der umgeben ist von den Kreaturen seiner selbst. Als Oberhaupt der Kirche

steht er einem zeitgenössischen Flugblatt folgend schließlich für die Gesamtheit der »böshaftigen, gottlosen Schar«, zu der nicht nur Mönche und Pfaffen gehören, sondern die ganze Geistlichkeit, auch Bischof und Kardinal. So erklären sich die Mönche, die **35 / 36**
sich im Schutz der Baumkrone versammelt haben, und auch der rot gekleidete Kardinal, der weiter links unter dem Zeichen des Kreuzes durch die Lande reitet. Doch auch allegorische Gestalten apostrophieren die Verdorbenheit der Kirche, das »Mönchskalb« mit dem Spitzhut, das nebenan auf dem Rücken liegt, der »Fischmönch«, der gleich zweimal versteckt über den Köpfen schwebt, und der »Papstesel«, ein Monstrum mit Hahnenschweif und Krallenfuß, das mit Luthers Worten »scheußlich, häßlich, greulich« anzusehen ist und am linken Rand des Bildfeldes gefesselt hoch oben an einem Baumstumpf hängt. Gerade das »Mönchskalb« und der »Papstesel« waren seinerzeit bekannte Spottbilder auf das Papsttum und seine Handlanger, beißend kommentiert das eine von Luther, das andere von Melanchthon.

Folgt man der Diagonalen, die die Körperachse des Papstes am Kreuz beschreibt, wird der Blick am unteren Bildrand auf eine Szene gelenkt, die tatsächlich Luther als Mönch, bewehrt allein mit dem Kruzifix, im Kräfteringen mit dem Papst dar- **36 / 38**
stellt. Mit Stricken um Schultern und Nacken wird versucht, den Gegner zu Fall zu bringen. Wie sich zeigt, scheinen dem Papst dabei bereits die Kräfte zu schwinden. Wirkliche Unterstützung wird ihm auch von seinen Helfershelfern nicht zuteil. Durch den Rückgriff auf zeitgenössische Quellen sind einige von ihnen sogar bekannt, denn die Anregung zu diesem Motiv gab ein Holzschnitt wohl von Urs Graf, geschaffen um 1525 als Titelbild zur Flugschrift »Die Lutherisch Strebkatz«. Vergeblich bemüht sich darin der Papst um den Beistand einiger der prominentesten Gegner von Luther, um diesen endlich mundtot zu machen. Ganz dem Brauch der Zeit folgend sind Luthers Widersacher dabei als Tiere charakterisiert: Hieronymus Emser (Hofkaplan des streng katholischen Herzogs Georg von Sachsen) als Bock, Johann Eck (Professor aus Ingolstadt und Gegner Luthers in der berühmten Leipziger Disputation von 1519, der 1520 auch die päpstliche Bannandrohungsbulle gegen den Reformator erwirkt hat) als Schwein, Jacob Lemp von der Tübinger Universität als Hund und Thomas Murner, der gelehrte Franziskanermönch, als Katze. Johannes Cochlaeus, der Luther auf dem Wormser Reichstag in einer theologischen Disputation noch zu widerlegen suchte, trägt nicht nur einen riesigen Kochlöffel über der Schulter, sondern in Anspielung auf seinen latinisierten Namen auch eine Schnecke (lat.: cochlea) auf dem Kopf. Jakob van Hoogstraeten, päpstlicher Generalinquisitor der Provinzen von Köln, Mainz und Trier und größter Widersacher der Humanisten im Reuchlin-Streit mit den Kölner Dominikanern um die Vernichtung der nichtbiblischen jüdischen Schriften, eilt schließlich mit wallendem Mantel als der »Rattenkönig« hinzu. Wie so oft in diesem Bild ist die

erste Assoziation womöglich jedoch eine andere. So kann man die Gestalt mit der Krone durchaus auch als den Repräsentanten der weltlichen Macht, als den deutschen Kaiser, sehen, der sich mit dem Papst verbündet hat. Doch helfen kann auch er nicht. Der Sturz des Papsttums scheint gewiss. Folgerichtig ist die Figur des Papstes (dessen Kopfneigung ganz der Achse seines gekreuzigten Ebenbildes entspricht, die von den vorn im Boden steckenden Kreuzen subtil wieder aufgenommen wird) einem Holzschnitt von Sebald Beham entlehnt, der genau das zum Inhalt hat: den Untergang eines Papstes, der in Analogie zur Antichrist-Prophetie des 2. Thessalonicher-Briefes (Kap. 2, 4) im Tempel sitzt und meint, der Allerhöchste, ja Gott selbst zu sein. Als Gegenstück dazu wendet sich Christus als der Gute Hirte, der das verlorene Schaf zu sich nimmt, von der Szene ab und hinüber zum Reigen des tanzenden Volkes,
42 / 43 das vor dem Hintergrund der in Fesseln geschlagenen Frau mit Kind, einer hintersinnigen Allegorie auf den ungerechten Weltenlauf, zwischen Luthers Reformation und Müntzers Gottesgericht regelrecht hin und her gerissen ist. Aufschlussreich ist, dass der Lammträger einen Holzschnitt (wieder von Sebald Beham) aus Luthers »Betbüchlein« zitiert, das für die Reformation vor allem durch seine Auseinandersetzung mit dem Marienkult von Bedeutung ist. Maria ist für Luther keine thronende Himmelskönigin, sondern in ihrer Niedrigkeit als »heilige Magd« lediglich ein von himmlischer Gnade erwählter Mensch, die Mutter des Gottessohnes, Jesus von Nazareth. Das erklärt viel-
36 leicht auch, warum genau senkrecht über dem Hirten eine Mutter mit Kind in der Art einer bäuerlichen Schutzmantelmadonna mit dem Rosenkranz am Arm geradezu hilflos und von trommelnden und pfeifenden Spielleuten bedrängt hinter dem Boot auf der Wiese steht. Bedrückung, Hoffnungslosigkeit und Resignation sind allerorten, Aufruhr die logische Konsequenz.

So verwundert es nicht, dass gleich links von der »Lutherischen Strebkatz« die auf-
35 / 37 gebrachte Menge einen Ablasshändler aufgeknüpft hat. Einer zeitgenössischen Vorlage von der Hand des Schweizer Maler-Dichters Niklaus Manuel Deutsch entsprechend handelt es sich um den Ablasskrämer Richardus Hinderlist, eine Gestalt aus einem seiner Berner Fastnachtspiele, die hier für die Landplage der Ablasshändler als Ganzes steht. Welche Bedeutung Werner Tübke diesem Thema beigemessen hat, zeigt, dass er schon 1976, unmittelbar nach Auftragsübernahme also, ein eigenständiges Tafelbild ganz ähnlicher Motivik geschaffen hat, das in gleicher Weise den »Papstesel«, der in identischer Haltung weiter oben an den Baum gefesselt ist, als Ursache all des Schachers an den Pranger stellt. Dabei sieht der Maler immer auch die Kehrseite der Dinge, wenn er den verspotteten Mönch, dem allein alle Aufmerksamkeit gilt, als stigmatisiertes Opfer sieht, zu dessen Füßen eine Frau im blauen Kleid die Rolle der klagenden Maria Magdalena übernimmt. Der auf dem Baum steckende, vierfach gesiegelte rot-orangene

Ablassbrief erweist sich so auf hintersinnige Weise auch als Persiflage der traditionellen Kreuzaufschrift, die Christus bekanntlich als König der Juden bezeichnet.

Seinem motivlichen Ursprung nach gehört der Ablassbrief jedoch bereits in einen nächsten Kontext, der den schon erwähnten Kardinal, welcher sich in Begleitung eines Mönches von rechts nähert, mit dem Münzpräger links verbindet. Beide, der Münzmeister und der Prälat, gehen wie der Ablassbrief auch auf einen Einblattholzschnitt von Jörg Breu d. Ä. zurück, der Geldmangel und allgemeinen sittlichen wie wirtschaftlichen Niedergang beklagt, ein bis heute sehr vertrautes Problem. Obwohl unablässig Münzen geprägt werden, fehlt es permanent an verfügbaren Zahlungsmitteln. Neben dem Handel mit fremden, unnützen Waren und dem Streben nach eitlem, modischem Tand werden vor allem der Papst und sein Gefolge mit all den Bullen, Ablassbriefen und Ausnahmeerlässen für die Misere im Land verantwortlich gemacht. Der Papst wird mit einem Kaufmann verglichen, dem alles »vmbs gelt ist fail / Gnad, Pfruͤnden vnd das ewig hail«, was zu dem Fazit führt, »Rom het vns gar aussgsogen / den seckel mit dem gelt entzogen«. Und das Volk muss bluten, wie uns die Geißelung eines Narren unmittelbar vor dem Kardinal oder auch der einsam vagabundierende Ritter gleich **35**
dahinter belehrt. Um aus all dem einen Ausweg zu finden, braucht es – so das Flugblatt – die endliche Rückkehr zum rechten Glauben, Orientierung am Gemeinnutz, ordentliche Maße und Gewichte, einheitliches gutes Geld, Frieden und nicht zuletzt auch Gleichheit vor Gericht.

Während die moralkritischen und ökonomischen Aspekte dieser Motivgruppe bereits hinüber zum Boot auf der Wiese weisen, leitet die Kritik an der Papstkirche und ihren Geldgeschäften hinauf zur nächsten Szene, die sich genau auf einer Senkrechten mit dem verspotteten Ablasshändler im oberen Drittel der Leinwand vor einer nächtlichen Flusslandschaft befindet. Unter Verwendung einer kleinformatigen Wasserfarbenmalerei von **34**
Paul Thumann aus dem späten 19. Jahrhundert ist Luthers Verbrennung der päpstlichen Bannandrohungsbulle, der Schriften seiner Gegner sowie der Bücher des kanonischen Rechts dargestellt, so geschehen am 10. Dezember 1520 vor dem Elstertor in Wittenberg. Der Mönch in der schwarzen Kutte ist also Luther, der hier zum dritten Mal in dem Gemälde auftritt, der Flusslauf dahinter womöglich die Elbe, zu aller Überraschung jedoch in eine düster-romantische Bergwelt versetzt. Doch Luther hat zwei Gesichter: Er ist der mutige Streiter, der den Widerruf verweigert und sich gegen den Papst, den »Apostel des Teufels« und Widerchrist, stellt, und er ist ein Mensch, der sich im Bild des Heiligen Antonius zugleich selbst den vielfältigsten Anfechtungen ausgesetzt sieht. Mehr noch: Der »Vater der Mönche« scheint den Angriffen der Dämonen sichtlich zu erliegen. Der Heilige ist bereits im Stürzen, Beistand nirgendwo in Sicht. Selbst Christus, der Erlöser, der in der 1:10-Fassung des Bildes noch als Hoffnungsträger die Szene an einem

T-Kreuz überfängt, ist weg. In der Nacht vom 30. Oktober des Jahres 1984 hat Tübke die in der übertragenen Konturzeichnung noch vorhandene, annähernd lebensgroße Gestalt des Gekreuzigten als störende Vertikale kurzerhand übermalt. Inwiefern dabei noch andere Gründe eine Rolle gespielt haben mögen, ist nicht bekannt. In jedem Fall aber wird Luther mit einem Januskopf, also als ein in sich durchaus widersprüchlicher Mensch, gezeigt, der mit seinem Thesenanschlag von 1517 gegen den Ablass ungewollt, doch dann von den Ereignissen unaufhaltsam getrieben den Anstoß zu einer grundlegenden Reformation der Kirche gab, die die Welt verändert hat, der sich zugleich aber auch entschieden gegen die »räuberischen und mörderischen Rotten der Bauern« wie den »Schwarmgeist zu Allstedt«, gegen Thomas Müntzer, gewandt hat.

Das Segel, das die Schar der Dämonen an dem dunklen Gestade überwölbt, fehlt
36 indes dem zentral auf dem Trockenen liegenden Boot. Wieder zitiert der Maler hier einen Einblattholzschnitt, geschaffen um 1535 vom Meister des Hederlein. Dargestellt ist »Das verdorben schiff der handtwercksleut«, eine Parabel auf verbreitete Missstände im Handwerk. Gute Qualitätsarbeit und handwerkliches Können seien nicht mehr gefragt. Überall wären Pfuscherei und Flüchtigkeit verbreitet, um nur möglichst rasch das große Geld zu machen, das sogleich wieder verprasst werden soll. Die Handwerker, im Einzelnen erkennbar an ihren Attributen, die als Zunftzeichen emporgehalten werden, klagen zwar über den allgemeinen Niedergang ihrer Gewerke, auf die Idee, etwas dagegen zu unternehmen, kommen sie jedoch nicht. Denn die Ursache ihrer Lage sind sie selbst. Stumm verharren sie daher im Boot, ohne die Not der Mutter mit dem Kind wahrzunehmen oder gar die Bundschuhe am Kiel des Schiffes zu sehen, die ganz nebenbei das »Narrenschiff vom Bundschuh« ins Spiel bringen, eine Flugschrift von 1514, verfasst nach dem Aufstand des Joß Fritz mit dem erklärten Ziel, alles Aufbegehren zu verdammen und die Untertanen von jeder Aufsässigkeit abzuhalten. Allein der Maler am Heck scheint die Situation zu erkennen. Während er auf die Tafel mit den Buchstaben CMB, den Initialen der Heiligen Drei Könige (Caspar, Melchior und Balthasar), schaut, weist er nach oben, hinauf zur Verkündigung, die die Wiederkunft Christi und den Anbruch einer neuen Ordnung, ja Aufruhr verheißt.

In den gleichen sozialkritisch-moralisierenden Kontext wie das Boot auf der Wiese gehört schließlich auch der einsame, heruntergekommene Landstreicher, der rechts
39 ganz am Rand dieses Bildsektors vor der Kulisse einer fernen Burganlage vorbeizieht, begleitet von einem hohnlachenden vierbrüstigen Teufel und einer gebrandmarkten, gehörnten Wildsau. Mit der Linken schwingt er die Klapper der Aussätzigen, mit der Rechten die besudelte und zerfetzte Fahne seiner ehemals so ehrbaren Zunft. Er verkörpert das Spottbild eines zugrunde gerichteten Handwerkers, der durch Handel und allerlei Geschäfte gleichfalls rasch zu Reichtum gelangen wollte und sich dabei

gründlich ruiniert hat. Die Vorlage zu diesem Motiv fand Tübke wie so oft in der zeitgenössischen Flugblattgrafik, konkret in einem Holzschnitt von Peter Flötner aus der Zeit nach 1530, in dessen Begleittext (wohl von Hans Sachs) die schadenfrohen Mitbürger gewarnt werden, dass es ihnen womöglich bald ebenso ergehen wird. Es ist ein Sinnbild der Verarmung und der Existenznot, eine Sozialanklage, die nicht nur jammert, sondern in Ton und Haltung durchaus auch streitbar wirkt.

Wie der stürzende Engel rechts der apokalyptischen Untergangsvision leitet auch der zugrunde gerichtete Handwerker inhaltlich wie formal über in den letzten hier zu besprechenden Bildteil, der sich auf 46
zwei voneinander getrennten Handlungsebenen bis zu den mächtigen Felsklippen zieht, die den Übergang zu der eingangs bereits beschriebenen Winterlandschaft markieren. Auf der oberen Hälfte setzt Tübke das Geschehen in einer horizontalen Figurenzeile mit einer Gruppe merkwürdig versteinert wirkender Frauen- 47
gestalten fort, die dank ihrer gotisierenden Schriftbänder als die neun Musen, die antiken Schutzgöttinnen der Künste und Wissenschaften, zu erkennen sind. Entsprechend dem Inhalt einer Verserzählung von Hans Sachs, die 1535 als »Clagred der Neün Muse oder künst vber Teütschlandt« zu einem Einblattholzschnitt von Georg Pencz erschien, verlassen die Musen das zerrüttete Land, enttäuscht über den allgemeinen Niedergang von Handwerk, Kunst und Wissenschaft. Im Auszug der Musen setzt sich also nicht nur das Krisenbild der Handwerker aus dem vorherigen Bildteil fort. Es wird mit Nachdruck auch der Verlust einer einstigen Blüte der Kunst apostrophiert. Im Blick auf Werner Tübkes fortwährende programmatische Berufung auf die großen Kunstleistungen der Vergangenheit, die als Inspirations- und Motivquelle gerade in seinem Panoramabild so vielfältig nachweisbar sind, kann man darin aber auch ein Sinnbild für die Lage der Kunst in seiner eigenen Zeit sehen. Früh schon hatte er sich gegen jede allzu flotte, modische »Pinselschlenkerei« gewandt und immer wieder das Vorbild der Natur wie der Alten Meister in einem lebenslangen Trainings- und Aneignungsprozess angemahnt.

Über den Köpfen der Musen rotieren indes gewaltige, explosive Wolkengebilde am Himmel, die kaum Gutes verheißen können. Mehr noch: Die Erwartung besserer Zeiten hat sich vollends in ihr Gegenteil gekehrt. Apokalyptisches Unheil ist es, was sich hier in einer endlosen Doppelspirale aus Feuer, Gestein und Rauch als Strafe Gottes zusammenbraut, um sich schließlich mit ganzer Kraft über den Köpfen der Menschen zu entladen.

Der Musenzug aber, der unter der Leitung von Clio, der Schutzmacht der Geschichtsschreibung, steht, endet überraschend bei Adam und Eva am Baum der Erkenntnis.

Von der anderen Seite wiederum nähert sich auf kargem Acker ein Säer, gefolgt von einer Dame zu Pferd, die mit erhobener Gerte wohl nicht nur den Schimmel antreibt
48 und die Saat des Knechtes eineggt. Damit wird der Sündenfall zur magischen Mitte dieser ganzen Szenenfolge, die genauere Betrachtung verlangt. Zunächst fällt dabei auf, dass Gegensätze das Paar bestimmen. Während die Frau, die im grellen Licht besonders sinnlich ins Auge fällt, frontal zu sehen ist, erscheint ihr Partner in erdigdunkler Farbigkeit als kraftvolle, muskulöse Rückengestalt. Indem sie nach den verbotenen Äpfeln greift, schlagen ihre flammenden Haare zugleich hinüber zum Geschlecht des Mannes. Unterstützt von den scharfen Konturen der Körper lässt das Gegenspiel der Bewegungen jedoch keine einfache Scheidung in aktiv und passiv zu, denn so auffordernd die Frau auch erscheint, ihre Gebärde umfasst genauso auch ein Sich-Abwenden, ein Ausweichen, ein sich entziehendes Abschirmen, wie das männliche Prinzip im sichtlichen Zurückfahren immer noch etwas Zudrängendes hat. Nun wird unversehens auch bewusst, dass nicht das viel zu dünne Stämmchen, sondern die Frau die Krone des Baumes auf ihren Händen trägt. Sie wird sinnbildlich zum Teil des Baumes, während ihr Bedränger erschrocken abwehrt und strauchelt. Im Mit- und Gegeneinander der Figuren wird so rein über die Form ganz nebenbei der Gedanke an das antik-mythologische Thema von Daphne und Apollon assoziiert. Dem Mythos zufolge ließ sich Daphne, auf der Flucht vor dem Liebeswerben Apollons, in einen Lorbeerbaum verwandeln, um sich dem ungestümen Zugriff des Gottes entziehen zu können. Und tatsächlich ist das Figurenpaar bei Tübke von einem kleinen Kupferstich des Barthel Beham aus der Zeit vor 1529 angeregt, der das gleiche Motiv mit Daphne und Apollon zeigt. Damit erklärt sich auch, warum der Maler die beiden Nackten so unmittelbar mit dem Zug der Musen in Verbindung gebracht hat. Nach dem Inhalt der bereits zitierten Versdichtung von Hans Sachs sind diese nämlich auf der Flucht ins heimatliche Parnassgebirge zu Apollon, dem Musenführer, so die Geschichte. Der entsetzt zurücktaumelnde Gott des geistigen Lebens und der Künste, der den Humanisten der Dürerzeit auch als Idealbild für Christus (den zweiten Adam) galt, wird so zum unmittelbaren Adressaten der Klage der Musen über Deutschland.

Zunächst wird man in dem Paar bei Tübke immer aber Adam und Eva sehen. Wie die großen Renaissancehumanisten überlagert der Maler hier den mythologischen Stoff mit christlichen Inhalten, um im Bild des Menschen übergreifende Zusammenhänge und Epochenprobleme deutlich zu machen, die für den Umbruch vom Mittelalter zur Neuzeit bestimmend waren. Dass solches Verfahren gelingt, ist primär jedoch der Anschaulichkeit und Ausdruckskraft zu danken, mit der Tübke das Allgemeine im Konkreten zu fassen verstand, obgleich ihm von Anbeginn klar war, dass das nicht das alleinige Fundament seiner Malerei sein konnte. So formulierte er in seiner künstlerischen Konzeption

schon gegen Ende 1978: »Neben und mitten in konkreten Handlungsabläufen werden
Zeichen, Gleichnisse, Symbole gefunden und erfunden werden müssen, die denselben
Vorgang noch einmal (bereichert auf merkwürdige Weise durch Assoziationswerte, die
die komplizierten geistigen Vorgänge dieser Zeit, die Fülle der Verwandlungsprozesse
und Gleichzeitigkeiten ahnbar machen) veranschaulichen.« Dabei war ihm natürlich
bewusst, dass die Verwendung symbolhafter Elemente und Allegorien ein enormes Maß
an Assoziationsvermögen fordert. Zugleich aber gestattete dieses Herangehen eine Ver-
dichtung der Aussage, die anders niemals zu erreichen war. Das Motiv mit Adam und
Eva oder auch Daphne und Apollon ist ein beredtes Beispiel dafür.

Und immer wieder überrascht der Künstler mit neuen Sinnebenen und Bedeu-
tungsgehalten. Finster ist es im Land, trostlos und unfruchtbar der steinige Grund.
Trotzdem müht sich der Bauer redlich um die Bestellung. Nach einem Einblattholz- 49
schnitt aus dem Jahr 1520 verkörpert auch er Adam, das Urbild des Menschen, der nach
dem Sündenfall sein Brot nun in mühsamer und harter Arbeit auf dem Acker verdie-
nen muss. Die Frau auf dem Pferd ist folgerichtig Eva, seine Gefährtin. Damit setzt
Tübke Adam und Eva gleich zweimal ins Bild. Nach dem Prinzip der kontinuierenden
Erzählung gestattet ihm das die bildhafte Wiedergabe höchst komplexer Sinngehalte:
So markierte der Sündenfall im religiösen Denken jener Zeit den Anfangspunkt der
Menschheitsgeschichte, die in der Heilserwartung des Jüngsten Gerichts ihr irdisches
Ende fand. Daraus ergab sich auch der verbreitete Glaube an jene Sündhaftigkeit des
Menschen vor Gott, die mit der Verführung Adams in die Welt gekommen sei, die sich
in seinem Samen fortgesetzt habe und die für all die Gottlosigkeit und Bedrückung in
der Welt verantwortlich zu machen sei. So sät Adam als »Stammvater des Menschenge-
schlechts« hier auch menschliche Schädel und Knochen, aus denen nicht nur Vertreter
aller Stände und Schichten erwachsen, sondern auch »todschlag kriege streit / Untreü
von frawen vnde man / … / Geitz / neyd wůcher vnd Simoney«. Obwohl keinesfalls
vordergründig, erinnert die Darstellung damit zugleich an die mythische Geschichte
vom phönikischen Königssohn Kadmos, dessen Saat aus Drachenzähnen Krieger her-
vorbrachte, die aufstanden und sogleich begannen, sich gegenseitig zu erschlagen. So
erfährt der weiter rechts (hinter der Egge) stattfindende Brudermord Kains an Abel 47 / 50
(der im Motiv dem Planetenbild »Mars« von Georg Pencz aus der Zeit um 1530/31
mit der Schilderung eines Überfalls von Landsknechten auf friedliche Bauern, Frauen
und Kinder folgt) ebenso seine Begründung wie die Beweinung eines hinterrücks
ermordeten Bauern, die Tübke in einem kleinformatigen Tafelbild 1980 sogar noch 51
einmal neu bearbeitet hat. Dementsprechend wird es auch nicht verwundern, dass
das der Ackerszene zugrunde liegende Flugblatt von der Hoffnung auf eine baldige
Wiederkunft Christi und der Aufrichtung eines Gottesreiches der Tugendsamen und

Auserwählten spricht. Dass indes immer wieder Eigennutz und Egoismus im Streben nach Besserung vor allem der eigenen Lage das Handeln bestimmt, mag der Hinweis
50 auf zwei Frauen belegen, die zwischen der Beweinung und dem stürzenden Abel stehen, die eine mit einem Rechen über der Schulter, die andere direkt davor mit einem blauen Tuch über dem Arm. Wiederum einer zeitgenössischen Quelle mit Versen von Hans Sachs folgend handelt es sich um Mägde aus dem Hause eines Bürgers und eines Bauern, die zwar lautstark ihre Arbeitslast beklagen, jedoch hoffen, durch vorteilhafte Heirat endlich zu einem besseren Leben zu gelangen, wobei die Bauernmaid das noch härtere Schicksal für sich in Anspruch nimmt.

47 Doch kehren wir noch einmal zu dem Säer und dem Sündenfall zurück. Trotzdem die Figuren auf dem Acker nach links ziehen, entwickelt sich das Geschehen – auch dank der Bogenform der Erdwoge über der Schimmelreiterin – kontinuierlich in Leserichtung von Adam und Eva über Kain und Abel nach rechts bis zu den Felsen und weiter oberhalb des Schneefeldes bis hinüber in die Schlacht unter dem Regenbogen, der machtvoll vom Tag des Gerichtes kündet. Sündenfall und Strafurteil sind untrennbar miteinander verwoben, das eine bedingt das andere, die Verfehlung des Menschen, ja aller Geschichte endet in der Apokalypse. Die Früchte des Baumes sind stigmatisiert mit dem Menetekel der Vergeltung, eines drohenden Untergangs, der alle Menschen trifft. Die Kraft der Weissagung, wie sie Apollon verkörpert, enthüllt Adam eine bittere Erkenntnis: Die Entwicklung der Menschheit ist eine Leidensgeschichte ohne Ende, beherrscht von Sündhaftigkeit, Gewalt und sittlichem Verfall. Und es wird klar, jede Umwälzung bedeutet auch Opfer, unschuldige zumal. Folgerichtig klingen die Stigmastrahlen daher in der mächtigen Woge aufgewühlter und emporgeschleuderter Materie fort, die von der Baumkrone ausgeht und über die Saat Adams hinweg sintflutartig über die Menschen hereinbricht. Doch nicht nur drohendes Unheil wird hier dramatisch vor Augen geführt, sondern auch ein Diktum, das Jean Cousin d. Ä. einem seiner Gemälde um die Mitte des 16. Jahrhunderts zum Titel gab: Eva prima Pandora! Sprichwörtlich schreckt Adam vor der Wucht dieser Erkenntnis zurück. Und dennoch drängt er auf dem Feld unaufhaltsam vorwärts – zum Baum der Erkenntnis, zu einem »zweiten Adam«, der ihm die Rückkehr zu einem längst verlorenen Paradies verheißt.

In logischer Fortführung der Handlungskette auf dem Plateau hatte der Künstler ursprünglich eine Kampfszene unmittelbar neben dem Felsmassiv geplant, die nach Kupferstichvorlagen der Nürnberger Kleinmeister (vor allem Barthel Beham und Georg Pencz) nackte, nur mit Schilden gewappnete Krieger, darunter zwei zu Pferde, im Gefecht zeigt, wobei im wilden Getümmel auch Tugenden wie Opferbereitschaft und Heldenmut angesprochen sind. Im Zuge der malerischen Ausführung der 1:10-Modellfassung hat Werner Tübke sich jedoch anders entschieden. In statischer Ruhe harrt nun eine Menschenmenge am Fuße des Felsens, während der Sitzende gegenüber eine Standarte hält, die auf strahlend weißem Grund eine Kreuzigungsgruppe zeigt. Unter dem Gekreuzigten kann man deutlich einen Bundschuh erkennen. 51

Ein solches Motiv trug auch die Fahne jener Verschwörer, die sich Anfang des 16. Jahrhunderts am Oberrhein wiederholt unter Joß Fritz zusammengeschlossen hatten. Als Zeichen der Aufständischen ist es unter anderem durch einen Holzschnitt aus Pamphilus Gengenbachs Flugschrift »Der Bundtschu« belegt, die 1514 in Basel erschien. Die mit der Darstellung verbundene Berufung auf die Gerechtigkeit Gottes hat eine lange Tradition. Sie reicht über die böhmische Hussitenbewegung zurück bis an den Ausgang des 14. Jahrhunderts, als der englische Theologe John Wyclif das »Gesetz Christi« zur allein bestimmenden Grundlage seiner reformatorischen Glaubenslehre erhob, indem er forderte, dass gerade die Geistlichkeit die Pracht und die Herrschaft der Welt fahren zu lassen hat, um wie die Apostel nach dem Vorbild des Gekreuzigten zu leben. So bündelt sich im Symbolwert der Fahne ein ganzes Spektrum verschiedener sozial-religiöser Reform- und Aufstandsbestrebungen, die während des gesamten Spätmittelalters immer wieder neu aufgeflackert sind.

Das Fahnensymbol ist auch bei Werner Tübke Bezugspunkt einer Schwurgemeinschaft, die sich im Schutz des Felsens versammelt hat. Bei einigen der Gestalten sieht man die zum Eid erhobene Hand. Oder ist hier gar ein Segensgestus gemeint? Feuerzungen auf den Häuptern der Verschwörer verbinden jedenfalls das profane Thema des Aufstandes mit dem biblischen Pfingstwunder, der Ausgießung des Heiligen Geistes, mit der die Apostel befähigt wurden, die Botschaft des Evangeliums von der Ankunft des Gottesreiches im Namen Jesu in das Land zu tragen. Im Hintergrund verlassen unter neuerlicher Bezugnahme auf den Petrarca-Meister bereits einzelne Boten teils händeringend, teils mit gefalteten Händen den Schauplatz, das verstörte Vaterland, um in einer kalten, trostlosen Welt in verschiedene Richtungen auseinanderzustreben. Nicht zufällig entspricht ihre Haltung dabei dem Gestus einer der Assistenzfiguren aus der Kreuzigungsgruppe auf der Standarte. Dass dennoch wohl unterschiedliche Auffassungen weitergetragen werden, scheint angesichts ihrer Vereinzelung wie Richtungsdivergenz indes gewiss.

Unterhalb der Verschwörergruppe greift eine nackte Gestalt mit blauer Schleife nach einem (abgestorbenen) Baumstumpf. In Anlehnung an einen 1549 geschaffenen Kupferstich von Sebald Beham, in dem gleichfalls gezeigt wird, wie ein Mann versucht, Bäume auszureißen, kann sie als eine Allegorie für die Aussichtslosigkeit einer Handlung gelten. Ausgehend von der Parallelität des Baumes zum Kreuz auf der Fahne bezieht sich das Sinnbild des Unmöglichen in seiner Zuordnung zur Bundschuhver-

sammlung eindeutig auf die bäuerliche Aufstandsbewegung jener Zeit, die vor dem
Hintergrund der Schwächen des menschlichen Charakters in ihrer utopisch-sozialen
Zielsetzung von vornherein ohne Erfolgschance bleiben musste. So erklärt sich auch,
warum in Tübkes Bild Christus der Versuchung des Teufels erliegt und kopfüber vom
46 Felsen springt, verführt von all der Macht, dem Reichtum und der Herrlichkeit der
Welt. Dass dies nicht nur die Obrigkeit betrifft, zeigt sich an vielen Stellen in diesem
Bild. Auch Müntzer hat dies am Ende einsehen müssen, was ihn in seinem letzten
Bekenntnis, aufgenommen unter der Folter kurz vor seiner Hinrichtung, auch zu dem
enttäuschten Fazit brachte, »das ein yder seinen eygen nutz mehr gesucht, dann recht-
fertigung der christenheit«.

Der Klippensturz führt den Blick indes wieder nach unten, hin zu dem vollbesetzten
Karren, der dem Titelblatt des »Narrenschiffs« von Sebastian Brant entnommen und
weiter vorn bereits beschrieben worden ist. Einen Hinweis auf die gleiche berühmte
Moralsatire, die die Ursache aller Sünde in der Unkenntnis des Menschen entlarvt,
gibt aber auch die kostbar goldgewandete Rückenfigur mit der Kiepe, die ganz links
auf der anderen Seite dieser Bildsequenz am Anfang der Talzone genau unter dem
stürzenden Engel und den klagenden Musen steht und einen roten Wimpel mit der
52 Aufschrift »Gen Narragonien« schwenkt. Gemeint ist das Land der Narren, das »lebt
in finstrer Nacht und tut in Sünden blind verharren«, wie der Autor in seiner Vorrede
schreibt. Zwei griesgrämige Gestalten sitzen über dem Doppeladler des römisch-deut-
schen Reiches daneben vor einer Mauer, die den Anfang einer Notenzeile zeigt, wie sie
sich gleichfalls in den Illustrationen zum »Narrenschiff« findet: »Gaudeamus omnes«
heißt das Motto – »Lasst uns alle fröhlich sein!«

So freudvoll ist diese Welt jedoch nicht. Ketzer- und Hexenverfolgungen gehören
jedenfalls ebenso zum Alltag, wie die Türkengefahr und das ewige Spiel um die Macht.
Dementsprechend hat der Maler die im Streit um ihre Herrschaftsansprüche im Hei-
ligen Römischen Reich und seinen angrenzenden Territorien miteinander ringenden
Fürsten, dazu aber auch Vertreter des Klerus, der Bauern und der Reichsritterschaft
als Glücksspieler an drei Tischen versammelt, wo nach einer zeitgenössischen Vorlage,
einem Flugblatt von 1519/20 mit Text von Pamphilus Gengenbach, mit Würfeln und
52 / 53 Karten »Das neue Bockspiel zu Ehren Kaiser Karls V.« veranstaltet wird. Es ist ein
Machtpoker, bei dem es um vieles geht, um die Vorherrschaft in Italien, speziell um
das Herzogtum Mailand, um die Türken und Konstantinopel (das bereits 1453 von den
Osmanen erobert worden war) und um Frankreich, vor allem um Burgund. Mit Hilfe
des Flugblattes, das die Figuren genau bezeichnet, sind die Spieler sogar im Einzelnen
53 zu bestimmen: So hat genau unter dem spanisch-habsburgischen Wappen, das in der
blauen Wolke andeutungsweise zu erkennen ist, Karl V., der mit Unterstützung der

Fugger 1519 gegen den französischen König zum Kaiser des Reiches gewählt worden war, Platz genommen. Seine Mitspieler sind (im Uhrzeigersinn um den Tisch gruppiert) König Franz I. von Frankreich (mit der französischen Lilie an seiner blauen Kopfbedeckung), der Doge von Venedig (in typisch italienischem Renaissancegewand als Rückenfigur) und der türkische Sultan (der vielsagend auf die Gruppe der Häretiker mit der Hexe weist). Der Narr zu Füßen des französischen Königs ist wohl der Verlierer im Spiel. Es ist Massimiliano Sforza, der Herzog von Mailand. Links von Karl V. stehen gleich drei, die ihm bei seiner Kaiserwahl ihre Stimme gaben: in Leserichtung (fast vom Sultan verdeckt) der Bischof von Mainz, mit dem Geldbeutel in der Hand der Markgraf von Brandenburg und hinter diesem der König von Böhmen, gekleidet in einen leuchtend roten Mantel. Rechts von Karl folgen der Herzog von Sachsen (mit dem Rautenstreifen über der Brust), Erzherzog Ferdinand (der Bruder des Kaisers und dessen Nachfolger auf dem Thron) und der Pfalzgraf bei Rhein. Vor zwei mit Spieß und Hellebarde gerüsteten Schweizer Eidgenossen tritt von rechts schließlich noch der
König von England hinzu. An dem Tisch vorn links würfelt indes Franz von Sickingen **52**
(der Reichsritter in der Mitte) mit dem Bischof von Metz, mit dem er 1518 in eine Fehde
verwickelt war, aus der er siegreich hervorging. Am rechten Tisch aber konfrontiert der **53**
Künstler einfaches Bauernvolk mit »Bruder Veit« (dem Sitzenden ganz rechts), einer im 16. Jahrhundert gebräuchlichen Bezeichnung für einen Landsknecht, der sich hier dem Flugblatt zufolge einem Bundschuhbauern gegenüber brüstet, jeden Aufruhr in Österreich mit Gewalt niederzuzwingen – eine Anspielung auf den alpenländischen Bauernaufstand von 1515, der mit der Niederwerfung der Krainer Bauern sein Ende fand.

All dies sind historische Details, die man dem Bild so nicht entnehmen kann. Dazu braucht es schon ein angemessenes Quellenstudium. Auf Tübkes Akribie bei der Einarbeitung in den Bildstoff wurde schon hingewiesen. Nicht nur an den Betrachter, sondern – und dies vor allem – an sich selbst hat er dabei höchste Ansprüche gestellt, denn: »Dunkel wird es, wenn man sich damit beschäftigt. Es besteht für mich die Notwendigkeit, genau zu arbeiten«, so der Maler zum Abschluss der Untermalung der ersten Tafel seiner Modellfassung, dem Bildfeld mit der Weltkugel, im Mai 1979. Die eigentliche künstlerische Leistung aber liege nicht in der Findung von mehr oder weniger komplexen geistigen Symbolgehalten. Die Klugheit des Malers ist ihmzufolge in etwas ganz anderem zu sehen, in der Erfindung einer adäquaten Form im Sinne der bildnerischen Phantasie eines Paul Klee oder Max Liebermann. Denn unter verständigen Leuten sei klar, so noch einmal der Künstler: »Gedankliches muß emotional lebendig werden. Erarbeitete Klarheit darf und soll wieder dunkel, fast eine Erinnerung sein, um sich dann mit ganzer Kraft der Naturanschauung bildnerisch zu manifestieren.«

Das gilt gerade auch für die sich rechts an die Spielertische anschließenden Szenen, in deren Zentrum – genau auf einer Senkrechten mit der Schimmelreiterin im oberen
54 Teil – ein prachtvoll gekleideter Fürst sein Pferd vor einer Gruppe von Krüppeln und Bettlern pariert. So eitel und erhaben der Herr hoch zu Ross erscheint, so liebedienerisch und unterwürfig wirken die drei Knechte. Die Situation im Gegenüber der Figuren ist jedenfalls eindeutig. Weit weniger verständlich ist da die Reihe vornehmer
54 / 55 Gestalten, die einen riesigen Fuchsschwanz hinter sich herziehen. Überraschend ist nun auch wahrzunehmen, dass genau davor ein Mann, der Kleidung nach gar ein Gelehrter, gleichfalls mit Fuchsschwänzen wedelt, und der Adressat der Gebärde ist wieder der Reiter. Und es gibt noch mehr Fuchsschwänze zu entdecken; einer beispielsweise liegt auch auf dem niedrigen Schemel neben dem Narren unter den Spielern,
53 der den anderen Fürsten zu Füßen kriecht. Welche Bedeutung dem Fuchsschwanz hier eigentlich zukommt, erschließt sich dank der Gestaltungskraft des Künstlers am schlüssigsten jedoch in der Dreiergruppe ganz am unteren Bildrand. Ein Edelmann oder auch Patrizier in richterlicher Haltung wird von zwei Bettlern flankiert. Während der linke mit einer Hand den Fuß des Herrn berührt, bezichtigt er mit der anderen hinterhältig sein Gegenüber. Der aber kommt, mit dem Fuchsschwanz in der Linken, demütig zu seinem Herrn gekrochen, unterwürfig, doch zugleich mit offener Hand. Nur wer sich unterwirft, wird bei dem hohen Herrn Gnade und Vorteil finden. Das ist das Herrschaftsprinzip, so hat es schon immer funktioniert, egal, ob man sich der Lüge, List und Schmeichelei oder auch der Heuchelei – versinnbildlicht durch den Fuchsschwanz – bedient. Die Motividee mit dem Fuchsschwanz hat Werner Tübke im Übrigen wieder einem zeitgenössischen Flugblatt, diesmal mit einem Holzschnitt von Erhard Schön, entlehnt, das den Fürsten zu Pferd als Gnatho (bei Terenz der Name eines Schmarotzers) entlarvt und eindringlich vor der Unmoral falscher Freunde warnt, was hier wohl die Herren der Obrigkeit meint, die dem gemeinen Mann gnadenlos zu Leibe rücken und nur »das marck auß den bainen … saugen«. Wer das nicht
54 sieht, ist blind wie die kleine Eule mit der Brille, von der noch zu reden sein wird. Mit viel Ironie und Hintersinn hat Werner Tübke die Figur des rechten Bettlers, der in der Hoffnung auf Gewinn buckelt und zu Kreuze kriecht, bei der Vollendung des Gemäldes jedenfalls zurückgestellt, um die letzten Pinselstriche an seinem Werk am 11. September 1987 vor den Augen einer Kamera zur Dokumentation für die Nachwelt genau am linken Fuß dieser Gestalt setzen zu können. Eine geistvolle Entscheidung, die mangels eingehenderer Beschäftigung mit dem Bildprogramm seinerzeit von den Auftraggebern wohl aber kaum verstanden worden sein kann.

Unmittelbar neben den soeben betrachteten Szenen verdorbener Herrscher- und Domestikenmoral fällt am Ende der Talsohle schließlich eine Gruppe obskurer Herren

ins Auge, deren Gestik und Farbigkeit deutlich an den Zug der Musen und ihre Klage über Deutschland erinnern. Zu beiden Seiten von blau-roten Teufeln umschwirrt verkörpern sie geradezu den Inbegriff des Jammerns und Lamentierens. Und abermals 55
darf man die Ausdrucksgebärde der Figuren wörtlich nehmen, denn was Tübke hier ins Bild setzt, ist der Titelschnitt der »Lamentationes obscurorum virorum«, einer den Verfassern der hochberühmten »Dunkelmännerbriefe« (lat.: Epistolae obscurorum virorum) in den Mund gelegten Klage über den behaupteten Misserfolg ihrer Satire, geschrieben 1518 vom Adressaten der Briefe, von Ortwin Gratius, dem literarischen Kopf der Kölner Scholastiker und Widersacher der Erfurter Humanisten in dem bereits erwähnten Streit um Johannes Reuchlin. Dargestellt sind hier die als gottlos und ohnmächtig charakterisierten »Dunkelmänner«, womit Gratius klar die Gegner der Papstkirche wie der Scholastik meinte. Dementsprechend finden sich in der Gruppe der Jammergestalten auch ein Jude (ganz links) und ein Türke, Sünder, Ketzer und Ungläubige also, die augenscheinlich mit ihrem Latein am Ende sind. Da die eigentlichen Urheber der anonym gelassenen »Dunkelmännerbriefe«, zu denen neben Crotus Rubeanus auch Ulrich von Hutten gehört haben soll, ihre Episteln aber als von Anhängern der Gegenseite, den Kölner Theologen, verfasst ausgegeben hatten, verbindet sich mit dem Motiv noch ein ganz anderer Sinn. Indem sich die »Lamentationes« von Ortwin Gratius, die »Klagen der Dunkelmänner«, auf die literarischen Verfasser der Briefe, damit aber auf die fiktiven Verfechter der eigenen Position beziehen, stehen die lamentierenden Gestalten hier eigentlich also für die Vertreter der heruntergekommenen Ordensgeistlichkeit, ihre Unmoral und Verderbtheit, und den Dogmatismus wie die geistige Beschränktheit einer erstarrten mittelalterlichen Scholastik, die sich längst überlebt hat.

Auf hintergründige Weise wird so der gesamte Konflikt zwischen Humanismus und konservativer Spätscholastik in einem einzigen historischen Sinnbild zusammengefasst. Um die ganze Komplexität und Bedeutungstiefe der Szene zu verstehen, ist es hilfreich, sich kurz zu erinnern: Johannes Pfefferkorn, ein getaufter Jude und Assistent des Inquisitors Hoogstraeten, hatte mit Unterstützung der Kölner Dominikaner bei Kaiser Maximilian I. ein Mandat zur Vernichtung aller jüdischen Schriften (außer dem Alten Testament) erwirkt. Nach Protest der Juden vom Kaiser um ein Gutachten gebeten, hatte der humanistisch gebildete Jurist Johannes Reuchlin jedoch für den Erhalt der philosophischen und religiösen Literatur der Hebräer plädiert. Daraufhin entbrannte der Streit zwischen Reuchlin und den Kölner Dogmatikern, die den gelehrten Philologen gar 1513 vor das Ketzergericht brachten. Wenn zunächst auch freigesprochen, veröffentlichte Reuchlin 1514 aufmunternde Zuschriften seiner Freunde als »Briefe berühmter Männer«, die seine Haltung unterstützten. Als fingiertes Gegenstück dazu erschienen aus dem Kreis der Erfurter Humanisten kurz darauf in zwei Teilen (der erste 1515, der zweite 1517) »Briefe dunkler [das heißt unbekannter, G. L.] Männer«, bekannt als die so genannten »Dunkelmännerbriefe«, eine teils derb-komische, teils scharf politische Satire gegen die Verlogenheit und Dogmatik der spätmittelalterlichen Scholastik, bei der fiktive Anhänger Pfefferkorns und der Kölner Dominikaner in köstlich-barbarischem Küchenlatein so geistreich wie treffend parodiert wurden, und zwar nach dem Prinzip einer vermeintlich ungewollten Selbstentlarvung all ihrer Laster und Blindheit. Es war ein literarisches Meisterstück, die Gegnerschaft der Humanisten auf solche Weise bloßzustellen, und zwar durch den Inhalt, die Diktion und die Darstellungsweise der Texte, die auch Mittel und Motive der zeitgenössischen Narrenliteratur und der Fastnachtspiele nutzte, ja in den Pointen gar bis hin zum Studentenwitz ging. Ortwin Gratius, an den diese erfundenen Briefe adressiert waren, verfasste 1518 schließlich die »Klagen der Dunkelmänner«, die Tübke hier zitiert hat, als eine Art Verteidigungsschrift, die jedoch nicht im Entferntesten den gewünschten Erfolg fand. So erklärt sich auch der Bauer auf der Bank rechts neben den lamentierenden Finsterlingen, der mit vielsagender Geste das Geschrei der Gelehrten kommentiert.

Der Bauer und auch der von rechts hinzutretende fahrende Geselle, die eigentlich schon zur Schlussszene unter den Felsen gehören, offenbaren sich hier als die weisen Beobachter und Kommentatoren, denen auf der anderen Seite der Wehklagenden die schon erwähnte Eule entgegengesetzt ist. Auch das kann man wörtlich verstehen, denn das Vogeltier steht hier gerade nicht für Weisheit und Erkenntnis, sondern für das Gegenteil. Die Begründung liefert wiederum ein Einblattholzschnitt, geschaffen um 1540 von Erhard Schön zu einem Text von Hans Sachs. Dort heißt es, dass sich die Eule aus purer Böswilligkeit absichtlich bei Licht blindstellt wie »aller menschen kindt / Verstockt / verstarret vnd erblindt / In wuͤcher / geytz vnd Tyranney / In luͤgen / list vnd triegerey / Im Ehbruch / huͤrerey vnd fraß / In kriegen / zoren neyd vnd haß / In vngehorsam vnd Gotßlestern / Ey heuͤt vil groͤber noch dann gestern«. Unzufriedenheit spricht aus den Zeilen, eine fundamentale Kritik an unchristlichem Verhalten, das trotz der Predigt von Gott und Evangelium in Sünde und Finsternis verfangen sei wie bei den Türken oder Heiden. Um der Moral dabei die nötige Autorität zu verleihen, beruft sich das Flugblatt auf das Evangelium des Johannes, in dem es heißt: »Wer Arges tut, der haßt das Licht und kommt nicht an das Licht, auf daß seine Werke nicht gestraft werden« (Joh. 3, 20). Gottes Strafe aber wird nach Hans Sachs umso furchtbarer sein. Dass bei Tübke damit vor allem die Vertreter der Papstkirche, des römischen Klerus, gemeint sind, wird in der Wiederholung der Attribute von Kerze und Brille in den Händen des Teufels deutlich, der links über den Köpfen der »Dunkelmänner« sein Unwesen treibt. Doch so, wie sich die Pfauenfedern auch auf das weitere Umfeld beziehen, gilt die Kritik am »Dunkelmännertum« wohl gleichfalls für die Obrigkeit als Ganzes und überall im Heiligen Römischen Reich.

Unterhalb der Felsen, dort, wo die öde Steinwüste der Fürstenmoral und Verkommenheit aus dem Tal aufsteigt und in die anschließende Winterwelt schwelender sozialer Konflikte und des Aufbegehrens überleitet, steigert sich das Geschehen im 46
Schnittpunkt von Volkszorn und Herrschergeist zu einem fulminanten Schlussakkord, der zugleich einen neuerlichen Auftakt bedeutet, denn hier schließt sich der Kreis unserer Betrachtungen, die nun getrost mit neuen Augen von vorn beginnen könnten. In pyramidaler Ordnung hat der Maler tanzendes Bauernvolk mit einer Hinrichtung kombiniert. Wieder wird also unter einer Richtstätte getanzt. Lust und Leid gehören untrennbar zusammen wie das Leben und der Tod. Antithetik bestimmt folgerichtig auch hier den Sinn. Dabei ist erstaunlich, zu sehen, wie die sonore Rot-Braun-Tonigkeit der linken Seite der Talzone mit den »Dunkelmännern« in ein zunehmendes Gleißen der Figuren vor dem erdigen Grund übergeht, um im Winterteil endlich in den Kontrast kraftvoll dunkeltoniger Gestalten vor leuchtend weißem Fond umzuschlagen. Solche Zusammenhänge sind genauso wichtig und von Belang für die Interpretation wie die vielfach schon beobachtete Achsenbildung im Gemälde, die Schaffung eines Zentrums (das Herzstück, die Schlacht) und die Einführung untergeordneter Konzentrationspunkte im Bildprogramm, »die instinktsicher und planmäßig erarbeitet werden mußten«, so der Maler, und zwar »unter ständiger Berücksichtigung der Aufnahmefähigkeit der Besucher«. Und: »Gruppierungen von Figuren mit einem inhaltlich höheren Grad von Verallgemeinerung wurden für monochrome Arbeit festgelegt, fürs Zentrum gehäuft periphale Farbgebung (also Reduktion von Grauanteilen) und leuchtende Sekundärfarben im oberen Drittel.« All dies gilt es wahrzunehmen, denn Formentscheidungen sind immer auch von inhaltlicher Relevanz. Dabei geben große Sperr- und Klemmformen wie die beiden Felsen oder – weiter drüben – der Turm zu Babel dem Auge Halt. Axial einander zugeordnete Motive gewinnen dabei zusätzlich an Bedeutung. Das betrifft gerade auch die Hinrichtungsszene unterhalb der Felsen 56
mit dem Bauerntanz, die sich bis in das angrenzende Schneefeld fortsetzt.

Polare Gegensätze, so scheint es, bestimmen diese Welt. Wie anders ist es zu erklären, dass im Angesicht des Todes zu einem Dorftanz aufgespielt wird? Gleich neben dem Gehenkten klettert ein Kind am Festbaum nach oben, den Blick sorgenvoll nach unten gerichtet, während rechts davon der mit einem Granatapfel (dem Symbol des Lebens) lockende Tod einer entsetzten Tänzerin voller Tücke das abgelaufene Stundenglas vorhält. Überraschend wird nun auch bewusst, dass die emporgehobene Tänzerin am Fuße der Leiter keineswegs fröhlich, sondern ganz im Gegenteil leblos wie eine Tote wirkt. Ist dies noch ein Tanz, oder handelt es sich um eine Galgenabnahme, ja um einen Totentanz, bei dem der Tod als Richter in Verlängerung der Leiter am unteren Bildrand, das Glücksrad der Fortuna auf der Brust, mit seinen Krallenhänden den Stab bricht, während ein Narr mit rhetorischer Gebärde auf der anderen Seite der Szene seinen Kommentar dazu gibt? Die Irritation ist total, und es lohnt sich, noch einmal genauer hinzuschauen, und zwar mit Blick auf die verwendeten Quellen.

Die Mehrzahl der tanzenden Paare wie die Musikanten, der Bauer, der sich erbricht, und das Kind an dem Kletterbaum sind in variierter Form zitiert nach einem vierteiligen Prachtholzschnitt von mehr als einem Meter Breite mit der Darstellung eines Kirchweihfestes, geschaffen von Sebald Beham 1535. Statt des ursprünglich am Ende der Stange sitzenden Hahns hat Werner Tübke aber einen Storch platziert, der soeben einen Frosch verschlucken will. So gering die Veränderung scheinen will, so bedeutungsschwer ist ihr Gehalt. Der Storch nämlich ist einem Einblattdruck (gleichfalls aus der Zeit um 1535) zu einer Tierfabel entnommen, die von den Fröschen und ihrem König erzählt. Obwohl sie bislang in Frieden und Freiheit gelebt hatten, wünschten sich die Frösche einen König, dem sie sich ehrlich fügen wollten. Ihre Bitte wurde erhört, und sie bekamen einen frommen und friedvollen, einen guten Herrn, dessen Güte sie bald aber überdrüssig wurden, so dass sie neuerlich und nun nach einem strengeren König begehrten. Daraufhin wurde ihnen der Storch zum König bestimmt. Doch nun half kein Wehklagen mehr. Da sie mit dem guten Herrn nicht einverstanden gewesen waren, müssen sie nun bis an ihr Ende den Bösewicht ertragen, der ihnen nachstellt und tagtäglich ihr Leben bedroht. Damit aber hat der Maler auf höchst subtile Weise ein Grundproblem in der Psyche des Volkes, das allen Untertanengeist kennzeichnet, thematisiert, ein Problem, das offensichtlich schon am Beginn der Neuzeit in deutschen Landen aktuell und sehr vertraut war.

Kaiser Maximilian I. (1486 noch zu Lebzeiten seines Vaters zum Rex Romanorum gekrönt und ab 1493 dessen Nachfolger auf dem Thron, dazu seit 1508 bis zu seinem Tod 1519 »Erwählter Römischer Kaiser«) war gefeiert worden als Begründer eines neuen Goldenen Zeitalters, einer neuen Weltzeit, in der Kunst und Wissenschaft blühen und das Reich trotz der allzeit gegenwärtigen Türkengefahr nach innen wie außen gefestigt wird und in Frieden gedeiht. Solcherlei Hoffnungen gründeten nicht nur auf der von Maximilian initiierten Reichsreform, die – wenn auch gegen seinen Widerstand – einen Ewigen Landfrieden vorsah, sondern auch auf seinem nicht ganz uneigennützigen Engagement als Förderer von Wissenschaft, Kunst und Literatur. Kein Geringerer als Niccolò Machiavelli rühmte in ihm seine »infinite virtù«, die sich in Krieg und Frieden zeige, »ein perfekter Feldherr, tolerant in allen Lebenslagen und gerecht auch gegenüber den Besiegten«. Ja, Maximilian galt im Urteil seiner Zeitgenossen als »der letzte Ritter«, der zugleich den ersten »modernen« Renaissancefürsten des Nordens repräsentiert, letztlich also das Idealbild eines weisen und gütigen, gerechten Herrschers. Der Interpretationsrahmen der Fabel mit dem Storch liegt damit auf der Hand.

Und tatsächlich hat Tübke den Bezug zu Maximilian in der Szene unter den Felsen hergestellt. So stammt das Motiv der Hinrichtung mit dem Gehenkten, aber auch die Gruppe mit dem Fürsten und dem Stab brechenden Tod von einem Holzschnitt des Hans Burgkmair aus Maximilians »Theuerdank« von 1517, einem opulent ausgestatteten Versepos, in dem die Brautfahrt des Kaisers, aber auch die Bewährung in mancherlei Gefahr und der Plan zu einem vernichtenden Türkenkreuzzug in Wort und Bild dargestellt sind. Drei Gegner versuchen, den Kaiser, der in Begleitung seines treuen Knappen Ehrenhold in der Figur des Theuerdank erscheint, auf seiner Brautfahrt aufzuhalten: Fürwittig, Unfalo und Neidelhart, die sinnbildlich für die Fährnisse Fürwitz (Neugier), Unfallgefahr (Unglück) und Neid in der Welt stehen. Letztlich gelingt es Theuerdank aber, seine Gegenspieler zu bezwingen. Nach Gefangennahme und Urteilsspruch wird Fürwittig geköpft, Unfalo gehängt und Neidelhart, der Kopf der Bande, von der Höhe zu Tode gestürzt. Tübke zitiert hier die Hinrichtung von Unfalo, lässt in der Hinrichtungsstätte oberhalb des Schneefeldes wie im Sturz vom Felsen jedoch auch die beiden anderen Strafvollstreckungen anklingen.

Überschaut man noch einmal die gesamte Talzone von den Spielertischen bis zur 46
Hinrichtung (eine Sequenz, die in der Endfassung im Übrigen weitgehend von Eberhard Lenk ausgeführt wurde, dem letzten der »Altgesellen« des Meisters, der sich schließlich in der Figur des Mönches unter dem Galgen auch selbst porträtiert hat), so wird klar, wie Werner Tübke hier die verschiedenen Aspekte des Themas gegeneinander gesetzt hat. So streben die Fuchsschwanzzieher und Dunkelmänner nach links hin zu der Spielerrunde um Maximilians Thronfolger und Erben, Karl V., während der aufsteigende Untergrund, die Felsen und die Leiter am Galgen nach rechts weisen. Halt gebietet dem Auge auch hier wieder eine Senkrechte, die unmittelbar an der Kante zum Schneefeld durch die Richtung des von der Klippe Stürzenden bestimmt und kompositorisch von der aufstrebenden Stange des Kletterbaumes wieder aufgenommen wird.

Unmittelbar an der Grenze zur Winterlandschaft findet sich schließlich ganz im Vordergrund, direkt an der unteren Bildkante – quasi als geheimes Pendant zu dem frontal dem Betrachter zugekehrten Tod mit dem Glücksrad des Lebens und dem gebrochenen Richterstab –, noch einmal ein Narr, kenntlich an der geflügelten Kappe
und seinem etwas extravaganten Zottelgewand. Mit vielsagender Gebärde wendet er 56
sich ebenfalls dem Betrachter zu. Einer zeitgenössischen Vorlage folgend handelt es sich um den berühmten »Herrn Niemand«, eine damals populäre Volksgestalt, die als Sündenbock für all die Übeltaten herhalten muss, die niemand begangen haben will,

eine Figur, die lange auch verspottet und verlacht wurde wie so viele, die die Wahrheit ausgesprochen haben und dafür verbrannt oder anderweitig bestraft und mundtot gemacht worden sind. Dem Text des hier zitierten Flugblattes folgend hat der Künder der Wahrheit endlich die Möglichkeit zu reden, und er tut dies in aller Klarheit unter Berufung allein auf das reine Evangelium. Nicht Papst, Mönchen und Pfaffen solle man folgen, sondern nur und ausschließlich dem Gesetz Christum. »Der wolredendt Niemant« verkörpert mithin einen ausgesprochen pro-reformatorischen Gehalt – auch als Gegenposition zur deutsch-römischen Kaisergewalt. Seine Körperhaltung und Gestik erinnern dabei an niemand anderen als Erhard Schöns als Titelblatt in Holz geschnittenen »Bauern von Wöhrd«, einen Volksprediger, der – angeblich sogar des Lesens unkundig – im Gewand des gemeinen Mannes auftrat und 1524 in Nürnberg »vom freyen willen des menschen« sprach, also entschieden lutherisches Gedankengut
2 vertrat. Zugleich erscheint der Bundschuhbauer rechts neben ihm wie ein Spiegelbild seiner Gestalt. Reformation und Bauernerhebung stehen bei Tübke wie zwei Seiten ein und derselben Geschichte in einem unleugbaren Zusammenhang.

Der Narr, seit Picasso traditionell die bevorzugte Identifikationsfigur eines Künstlers schlechthin, wendet sich indes wie schon der Warner am Rand der Untergangsprophetie des Jeremia dezidiert an uns, die Betrachter. Es ist, als ob der Maler selbst zu uns spricht: Seht, ich bin der Autor, und dies ist mein Werk, dies meine Geschichte. So ist die Welt, also richtet mich nicht. Doch schaut es Euch an, denn es ist ein Spiegel der Wirklichkeit wie aller Geschichte – und auch eine Erfindung, gegründet auf den Versuch, ein ganzes Weltbild vor Augen zu führen, ja in die Herzen der Menschen zu tragen, wie man es so in der Kunst noch nicht gesehen hat.

Überschaut man noch einmal das ganze Rund, ohne nach der Bedeutung der einzelnen Figuren zu fragen, erweist sich das Gemälde letztlich als eine Ringlandschaft ohne Anfang und Ende, die sich am Schnittpunkt der zwei steil aufragenden Felsen in der Ferne verliert, während im Vordergrund die Handlungsbühne neu emporgezogen wird. Der Kreis wird zur Spirale, die – unterstützt nach Art von Monatsbildern durch den Wechsel der Jahreszeiten – gleichwohl Geschichte im Geiste Nietzsches als eine ewige Wiederkehr des Gleichen apostrophiert, was den betonten Rückgriff auf Archetypen und kunstgeschichtliche Vorbilder ein weiteres Mal legitimiert. Darin aber liegt ein tiefgreifender Widerspruch zu dem in Auftrag gegebenen Geschichtsbild, das bekanntlich von einer stetig fortschreitenden Höherentwicklung in der Menschheitsgeschichte ausging. Hinzu kommt der spürbar pessimistische Grundton des Ganzen, der nur im Frühlingsteil entschieden einem lichten Hoffnungsschimmer weicht. Hier allein offenbart sich vielleicht, was der

Skeptiker Tübke einst als »revolutionäres, romantisches Vorwegträumen der Zukunft« gesehen, später – im Zusammenhang mit dem Panorama-Gemälde – jedoch paradox als »Fähigkeit zur Utopie nach rückwärts« bezeichnet hat, wobei er hintersinnig meinte: »Es bleibt alles so, wie es niemals war.« Eine Behauptung historischer Wahrheit war folglich genauso wenig sein Ziel, wie die einfache, unreflektierte Entsprechung zu irgendeiner vorgegebenen propagandistischen Geschichtsidee.

Gleichwohl bildet das in seiner optischen Klangfülle sinnfällig herausgehobene Schlachtgetümmel unter dem Regenbogen, der die weite Frühlingslandschaft überwölbt, mit der statuarisch betonten Gestalt Müntzers in halber Höhe und dem Lebensbrunnen menschlicher Schöpferkraft am unteren Bildrand das axial stabilisierende Zentrum der gesamten Darstellung. In sinnbildhaft überhöhter Form manifestieren sich hier Vision und Wirklichkeit des gescheiterten Aufstandes von 1525, insbesondere aber der Frankenhäuser Schlacht. In die düstere Ödnis kahler Felsgründe bildparallel gespannte Figurenzüge und das aktionsgeladene Gewimmel des Schneefeldes, die der Schlacht in Leserichtung vorangestellt sind, zeigen hingegen eine freudlose und entfremdete Welt ungelöster sozialer Konflikte, des Verlustes moralischer Werte, des Elends, der Verworfenheit, Machtgier und Gewalt, stigmatisiert durch den Sündenfall von Adam und Eva und Kains Brudermord an Abel. Die rechts der Schlacht unmittelbar anschließende, vertikal ausgerichtete Motivgruppe ist im Gegenüber von irdischer Jurisdiktion und himmlischem Gericht folgerichtig der Frage nach Recht und Gerechtigkeit, nach Schuld und Verdammnis gewidmet. Durch die Verklammerung mit den biblischen Motiven von Sündenfall und Strafgericht aber ist das gesamte Bildgeschehen – und damit Geschichte an sich – letztlich nur als eine schicksalhafte Verkettung leidvoller, traumatisierender Menschheitserfahrungen zu begreifen, eine Vorstellung, die sehr viel mehr mit Erlösergedanken und den so genannten »letzten Dingen«, die sich vor und nach dem Jüngsten Tag ereignen, zu tun hat, als mit Gesellschaftsutopien und revolutionärer Gesinnung. Mehr noch: »Weltgeschichte vollzieht sich hier als Weltgericht«, so der prominente Kunstkritiker und Tübke-Spezialist Eduard Beaucamp. Ganz in diesem Sinne verdichtet die durchsichtig erscheinende, visionäre Kugel hinter dem Wiesenhügel nicht nur einen umfassenden gesellschaftlichen wie geistigen Aufbruch, der historisch gesehen Überkommenes, ja ein ganzes Weltbild in Frage stellte, sondern zugleich auch die Verkündigung der Heraufkunft eines ewigen, eines Tausendjährigen Reiches wie es Thomas Müntzer immer wieder in so glühenden Worten beschworen hat.

Die große Wiese mit der wie eine Seifenblase platzenden Sphaira war im Übrigen die erste Tafel, die Werner Tübke bei der 1:10-Fassung geschaffen hatte. In ihrer strahlenförmig von der Kugel beherrschten Komposition wirkt sie stärker auch als die übrigen Teile geometrisch strukturiert. Ihr Thema ist die Polarisierung von Reformation und

Chiliasmus, von Luther und Müntzer. Folgt man der Ordnung der fünf Tafeln, wie sie Tübke bei seiner Modellfassung nacheinander ausgeführt hat, ergibt sich ein höchst aufschlussreicher Zusammenhang, der bei der Endfassung des Gemäldes im Saal des Panorama Museums aufgrund der geschlossenen Kreisform kaum mehr ins Auge fällt, dennoch aber für das Verständnis des Werkes entscheidend ist: So entwickelte der Künstler das Geschehen im Uhrzeigersinn von den Ursachen der Reformation und der ihr entgegengesetzten Untergangsprophetie der Apokalypse über die Schilderung der allgemeinen Krisenerscheinungen in Kirche und Gesellschaft bis zur Schlacht der Bauern, bis hin zu Thomas Müntzer und dem Bauernkrieg, was zunächst ganz dem geschichtstheoretischen Konzept von der »Frühbürgerlichen Revolution« entspricht. Der Schlacht aber folgt das Jüngste Gericht. Müntzer und der Bauernkrieg werden damit entschieden in einen anderen, einen endzeitlichen Heilsrahmen gerückt.

Was sich dem Höllensturz der Verdammten anfügt, ist eine Zwischenzone, ein Gesellschaftsbild der Ständeordnung im Reich wie der Konflikte zwischen den verschiedenen sozialen Schichten, das den Kreis nicht nur schließt, sondern auch noch mit ganz persönlichen, privaten Aspekten des Künstlers aufgeladen ist. Machtvoll entfalten sich hier in großer, dynamisch schwingender Bewegung Szenen aus dem Alltag des Volkes, das gleichermaßen Frondienst und ausgelassenen Festtanz kennt. Knechtschaft und Vergnügung schließen sich bei Tübke keineswegs aus, auch wenn durch die Sperrform einer Werkstatt Last und Lust streng voneinander geschieden sind. Im Scheitelpunkt der Kurve aber, auf Höhe der Druckwerkstatt, steht – wie wir gesehen haben – der Maler selbst mit Palette und Pinsel. Als disziplinierter Schöpfer, der in der Einsamkeit seines Ateliers die ganze Welt in ihrem Wesen schaut, sieht er sich eingespannt in den Bogen aus Lebenshunger, Todesvision und Frondienst für die Kunst. Der Schöpfer des Bildes setzt sich bei der 1:10-Fassung also selbst mit sichtbar angebrachtem Namensschild an den Schluss seiner Arbeit. Er ist Teil dieser Welt, und er ist der Regisseur in einem Welttheater, in dem die Menschen ihre Unschuld verloren haben. Wie bei Kleists »Marionettentheater« müssen wir die Reise durch diese Welt (die für die Geschichte steht) antreten, um die Chance zu haben, am Ende womöglich wieder in den Stand unseres Ursprungs zurückzugelangen. Das aber setzt Erkenntnis voraus, Erkenntnis der Welt und des Menschen, der Geschichte zumal. Solches anzuregen, gehört sicher zur Botschaft des Malers, denn wie sich zeigt, bedeutet geschichtliche Entwicklung noch lange keine Besserung des Menschen und seiner Moral. Die Welt jedenfalls ist tief in Sünde gefangen und scheinbar ohne jeden Ausweg.

Doch auch für den Betrachter gibt es kein Entrinnen. Ein Ausstieg aus der Geschichte ist unmöglich. Damals wie heute – sie ist unser Dasein. »Geschichte?«, so fragt Tübke. »Natürlich, es gibt ja nur Geschichte.« Die Kreisform des Bildes ist total.

1

5

BABEL
IRA

Tübke
1987

Frÿheit

Tübke

C
M
B

C
M
B

Vrania
Melpomen
Clio

Thalia
Melpomen
Euterpe
Clio·

Biografische Daten zu Werner Tübke

1929 am 30. Juli in Schönebeck/Elbe als Sohn einer Kaufmannsfamilie geboren

1935–45 Schulbesuch in Schönebeck (bis 1939 Volksschule, anschließend Realgymnasium); daneben ab 1939/40 privat Zeichenunterricht bei Karl Friedrich in Magdeburg

1945–46 zehnmonatige schuldlose Inhaftierung durch sowjetische Sicherheitsorgane nach einem anonymen Anschlag auf die Besatzungsmacht

1946–47 Malerlehre in Schönebeck mit Besuch der Meisterschule für das Deutsche Handwerk in Magdeburg, Fachgebiet Malerei

1947–48 Abschluss der Oberschule in Schönebeck, Abitur

1948–49 Studium an der Hochschule für Grafik und Buchkunst Leipzig (unter anderem bei Elisabeth Voigt, Walter Arnold und Ernst Hassebrauk)

1950–52 Studium der Kunsterziehung und Psychologie an der Ernst-Moritz-Arndt-Universität in Greifswald, Staatsexamen

1952–54 Wissenschaftlicher Mitarbeiter der Abteilung Bildende Kunst am Zentralhaus für Volkskunst in Leipzig; dazu autodidaktische Weiterbildung als Maler und Zeichner; 1954 Aufnahme in den Verband Bildender Künstler Deutschlands (ab 1972 Verband Bildender Künstler der DDR) und Ausstellungsdebüt

1954–55 freischaffend als Maler, Zeichner und Illustrator in Leipzig

1955–57 Assistent, ab 1956 Oberassistent im Grundlagenstudium an der Hochschule für Grafik und Buchkunst in Leipzig (1957 politisch bedingt entlassen); 1957 erste Einzelausstellung

1958 Sieger des Wettbewerbs zur Ausgestaltung des Speisesaales im Leipziger Hotel »Astoria«; die im Ergebnis entstandenen fünf Diptycha zum Thema »Fünf Erdteile« bedeuten den Durchbruch des Malers zu seinem betont altmeisterlich orientierten Personalstil; seit der Schließung des Hotels Ende 1996 befinden sich die fünf Tafeln in der Sammlung des Panorama Museums Bad Frankenhausen

1959–61 Übernahme von Wahlfunktionen in der Leitung des Künstlerverbandes in Leipzig; erste Auszeichnungen für seine künstlerische Arbeit (obwohl mehrfach auch für den Kunstpreis der Stadt Leipzig vorgeschlagen, werden entsprechende Anträge jedoch immer wieder abgelehnt)

1961/62 von April 1961 bis April 1962 Studienaufenthalt in der Sowjetunion (Leningrad, Moskau, Kaukasus, Mittelasien)

1962 Kooptation zum Vorsitzenden des Künstlerverbandes in Leipzig und Wiedereinstellung als Oberassistent im Grundlagenstudium an der Leipziger Kunsthochschule (1964 Berufung zum Dozenten); seine Hinwendung zum kunstgeschichtlichen Erbe jenseits der Doktrin vom Sozialistischen Realismus des Bitterfelder Weges findet von offizieller Seite jedoch zunehmend Ablehnung

1965–67 Arbeit an einem Gemäldezyklus zum Thema »Lebenserinnerungen des Dr. jur. Schulze« (faschistische Justiz), der aufgrund seiner stark metaphorischen Sinnbildhaftigkeit die offizielle Kritik nunmehr auf das Heftigste provoziert

1968 Der mit dem Vorwurf einer »falschen Lehrmeinung« politisch-ideologisch begründete Beschluss des Senats der Leipziger Kunsthochschule zur Entlassung Werner Tübkes muss nach Studentenprotesten zurückgenommen werden

1969 Bulgarienreise

1970 Sieger des Wettbewerbs zur Gestaltung eines Wandbildes im Rektoratsgebäude der Universität Leipzig (»Arbeiterklasse und Intelligenz«, Realisierung bis 1973)

1971 erste Italienreise und (auf Initiative des Mailänder Galeristen Emilio Bertonati, der in der Villa Stuck in München eine Zweigstelle unterhielt) erste Einzelausstellungen im Ausland (Mailand, Brescia, Rom, Modena, dazu Anfang 1972 auch Florenz), die Werner Tübke den internationalen Durchbruch bringen; Kunstpreis der Stadt Leipzig

1972 Ernennung zum ordentlichen Professor und Übernahme des Lehrstuhls für Malerei an der Hochschule für Grafik und Buchkunst Leipzig; Goldmedaille der Internationalen Grafikbiennale von Florenz; zweite Reise nach Italien (Mailand, Venedig, Rom, Neapel, Sizilien)

1973–76 Rektor der Leipziger Kunsthochschule (ab 1974 Leiter einer Meisterklasse für Malerei); dritte Italienreise (1974); parallel (1974–75) Vorbereitung und Ausführung eines Polyptychons zum Thema »Der Mensch – Maß aller Dinge« für den ehemaligen Palast der Republik in Ost-Berlin; noch 1974 Wahl in den Zentralvorstand des Verbandes Bildender Künstler der DDR

1976 triumphaler Ausstellungserfolg seiner ersten großen Retrospektive mit fast 400 Werken in Dresden (Gemäldegalerie Neue Meister) und Leipzig (Museum der bildenden Künste); Reisen in die BRD und nach Frankreich

1976–87 Arbeit am Auftrag zum Monumentalbild »Frühbürgerliche Revolution in Deutschland« für das Panorama Museum in Bad Frankenhausen; dazu von 1978 bis 1983 verstärkt Gemälde mit Narren- und Harlekinmotiven; ab 1983 entsteht bis zum Abschluss der Malerei in Bad Frankenhausen kein weiteres Gemälde mehr

1977 Teilnahme an der »dokumenta 6« in Kassel; Hauptpreis der Triennale der Malerei sozialistischer Länder in Sofia; Reisen nach Bulgarien, in den Kaukasus und die BRD (Begegnung mit Ernst Fuchs)

1978 Reisen nach Italien (Begegnung mit Giorgio de Chirico in Rom), nach Frankreich, in die BRD und die ČSSR

1979 Reisen nach Italien, in die BRD (Begegnung mit Peter Ludwig in Aachen), nach Schweden und Österreich (Begegnung mit Rudolf Hausner in Wien)

1980 Käthe-Kollwitz-Preis der Akademie der Künste der DDR; Reisen nach Italien, Leningrad, Bulgarien und in die BRD

1981 Vollendung der 1:10-Fassung des Frankenhäuser Panoramabildes; noch vor Abschluss der Arbeit Bestätigung des Entwurfs durch das Ministerium für Kultur der DDR als Auftraggeber; Reise in die Schweiz

1982 Wahl zum Mitglied der Königlichen Akademie der Künste Schwedens; Reisen nach Griechenland, Spanien, Moskau und in die BRD

1982/83 Präsentation der 1:10-Fassung des Panoramagemäldes auf der IX. Kunstausstellung der DDR in Dresden (Albertinum)

1983 Mitglied der Akademie der Künste der DDR (1992 Austritt); Reisen in die BRD, nach Schweden und Österreich

1984 Gastprofessor der Internationalen Sommerakademie in Salzburg; Kurzreisen nach Stockholm, Nürnberg und Ravensburg (Begegnung mit Martin Walser)

1985 Verleihung der Ehrendoktorwürde der Universität Leipzig; Reisen nach Italien und in die Schweiz (mit Vortrag auf einer internationalen Panorama-Konferenz in Luzern)

1986 Reisen nach Frankreich, Bulgarien und in die BRD (Begegnung mit Horst Janssen in Hamburg)

1987 Abschluss der Arbeit am Panorama-Gemälde von Bad Frankenhausen

1988 Ehrenmitglied der Akademie der Künste der UdSSR und Mitgliedschaft in der Serbischen Akademie der Wissenschaften und Künste (1992 Austritt); Reisen nach Österreich und in die USA

1989/90 Eröffnung des Panorama Museums von Bad Frankenhausen am 14. September 1989; Einsetzen eines stärker zeichnerisch geprägten, farbtransparenten malerischen Spätwerkes, das zunehmend ausschließlich auf den Motivfundus und die Formensprache seines eigenen Schaffens zurückgreift; Reisen in die Schweiz, nach Schweden und nach Istrien

1990–93 Entwurfsarbeiten zum Bühnenbild und den Kostümen zu »Der Freischütz« von Carl Maria von Weber in der Inszenierung von Gian-Carlo del Monaco an der Oper der Stadt Bonn (Premiere: 28. Februar 1993)

1991/92 Reisen in die Schweiz, nach Teneriffa und Mallorca

1993–96 Arbeit an einem großen Flügelaltar für St. Salvatoris zu Clausthal-Zellerfeld im Oberharz (Altarweihe: 13. April 1997); Reisen wiederholt nach Italien (Ischia, Capri), nach Belgien und Österreich

1998 nach schwerer Erkrankung (Ende 1997) Fortsetzung der künstlerischen Tätigkeit; Reisen nach Teneriffa und, in Verbindung mit einer Ausstellung, erneut nach Italien

1999 Retrospektive der Malerei von 1976 bis 1999 im Panorama Museum Bad Frankenhausen (Veröffentlichung des Werkverzeichnisses der Gemälde für den angegebenen Zeitraum); offizieller Eintrag in das Ehrenbuch der Stadt Bad Frankenhausen am 25. Juli 1999; Reisen nach Rom und Teneriffa

2000 Aufenthalt auf Capri

2001/02 erneute Krankenhausaufenthalte; Abschluss seines druckgrafischen Werkes; letzte Reisen in den Süden (Comer See, Gardasee)

2003 nach schwerer Operation nochmalige Wiederaufnahme der künstlerischen Arbeit; konsequente Hinwendung zur Zeichnung; Übergabe des gesamten persönlichen Schriftgutes (Briefe, Fotos, Kataloge, Presseartikel, Filmdokumente und sonstiges Aktenmaterial) an das Archiv für Bildende Kunst des Germanischen Nationalmuseums in Nürnberg

2004 am 27. Mai gestorben in Leipzig; die offizielle Trauerfeier findet am 12. Juni auf dem Leipziger Südfriedhof statt, die Beisetzung selbst im engsten Familienkreis am 13. August

2006 am 16. Juni Gründung der Tübke-Stiftung Leipzig mit Sitz im ehemaligen Wohn- und Atelierhaus des Malers im Leipziger Stadtteil Gohlis, Springerstraße 5 (Präsidentin ist die Witwe des Künstlers, Brigitte Tübke-Schellenberger); eine ständige Präsentation von Werken aus dem Besitz der Stiftung ist seit dem 2. Dezember 2006 der Öffentlichkeit zugänglich

Das Œuvre von Werner Tübke umfasst mehrere Tausend Zeichnungen, ca. 500 Aquarelle, 350 Gemälde (ausgeführt in Öl, Tempera oder einer Mischtechnik aus beidem auf Spanplatten oder Leinwand) und mehr als 200 druckgrafische Arbeiten (zumeist Lithografien; bis 1973 aber auch Radierungen und einige Holzschnitte aus der Frühzeit). In seinem Schaffen dominiert das Menschenbild (Historien- und Zeitdarstellungen, Sinnbilder und Allegorien, dazu Gruppenbilder, Akte und Porträts). Landschaftssichten blieben weitgehend dem Aquarell vorbehalten. Werke des Künstlers befinden sich in vielen wichtigen Museen und Sammlungen in ganz Europa und in Übersee.

Daten zur Entstehung des Gemäldes

1973/74 im Oktober 1973 und März / April 1974 Beschlussfassungen der zentralen Parteiführung der SED und der Regierung der DDR, auf dem Schlachtberg bei Bad Frankenhausen ein Panorama zu errichten, »das dem deutschen Bauernkrieg und dem revolutionären Wirken Thomas Müntzers gewidmet ist«

1974 Grundsteinlegung des Panoramagebäudes (8. Mai); von Juni bis Oktober des Jahres Diskussion von Varianten zur künstlerischen und musealen Gestaltung der Anlage zwischen Historikern und dem Ministerium für Kultur der DDR, das für die inhaltlich-konzeptionelle Seite des Projektes verantwortlich ist; auf der Grundlage einer abschließenden Stellungnahme von Wissenschaftlern des Zentralinstituts für Geschichte der Akademie der Wissenschaften der DDR werden durch das Kulturministerium (unter Minister Hans-Joachim Hoffmann) Anfang 1975 die Historiker Siegfried Hoyer und Manfred Bensing von der Leipziger Universität mit der Erarbeitung einer »wissenschaftlichen Konzeption« für das Bildwerk beauftragt (Thema: »Frühbürgerliche Revolution in Deutschland«);

noch im Herbst 1974 kommt es zur ersten Kontaktaufnahme des Kulturministeriums mit Werner Tübke (Rektor der Hochschule für Grafik und Buchkunst in Leipzig und nach Jahren schwieriger Annäherung inzwischen weitgehend von offizieller Seite akzeptiert), der für das Vorhaben in Bad Frankenhausen als Einziger geeignet erscheint

1975 Klärung der Bedingungen zur Auftragsübernahme durch Werner Tübke mit dem Minister für Kultur der DDR, in deren Verlauf der Künstler klarstellt, dass er nur dann für den Auftrag zur Verfügung steht, wenn ihm bei der Ausführung freie Hand gelassen und das Thema im Sinne einer *»künstlerische(n) Bewältigung* der frühbürgerlichen Revolution in Deutschland unter besonderer Berücksichtigung der Geschehnisse in Frankenhausen« gefasst, das Ganze also nicht didaktisch-illustrativ geplant wird, sondern als ein Werk der Malerei, einer hochqualifizierten, persönlichen Malerei ganz in seinem eigenen Stil mit allen nur denkbaren Möglichkeiten der Überhöhung etc.;

nachdem sich der Charakter des Projektes deutlich in Richtung einer rein künstlerischen Lösung verschoben hat, die im thematischen Anspruch ganz den Vorstellungen des Malers entspricht, gibt Werner Tübke im Juli 1975 seine Zusage zur Auftragsübernahme;

am 15. Mai 1975 Fertigstellung des Rohbaus der Panorama-Rotunde zum 450. Jahrestag der Frankenhäuser Bauernschlacht vom 14./15. Mai 1525 (Richtfest für den Rohbau der Eingangshalle am 19. Dezember 1975; Abschluss der ersten Ausbaustufe zur Nutzung für Wechselausstellungen, Konzertveranstaltungen, Lesungen und sonstige museale Öffentlichkeitsarbeit im Mai 1977)

1976 am 21. April Vertragsabschluss (rückwirkend gültig ab 1. Januar 1976) zwischen Werner Tübke und dem Kulturministerium der DDR (vertreten durch den Minister Hans-Joachim Hoffmann) zur »Schaffung eines monumentalen Wandbildes für das ›Panorama auf dem Schlachtberg bei Bad Frankenhausen‹« ohne Endtermin, aber mit der Verpflichtung, eine »künstlerische Konzeption« und einen »ausführungsreifen Entwurf« (eine 1:10-Fassung) zu erarbeiten sowie die Ausführung der Malerei und die Leitung aller dazu notwendigen Arbeiten selbst zu übernehmen; zur Erfüllung des Auftrages legt Werner Tübke das Amt des Rektors der Hochschule für Grafik und Buchkunst Leipzig nieder;

Bestätigung der »wissenschaftlichen Konzeption« der Professoren Siegfried Hoyer und Manfred Bensing durch das Kulturministerium der DDR am 28. April 1976

1976–79 Mitte 1976 bis Anfang 1979 intensives Quellenstudium des Künstlers zur Einarbeitung in den Bildstoff (auch als Phase der Motivanreicherung bezeichnet); es entsteht ein knappes Dutzend eigenständiger Teilvorfassungen zum Thema, ausgeführt in Mischtechnik auf Holz, dazu eine Vielzahl von Zeichnungen und auch Lithografien;

am 16. Mai 1979 wird die bereits Ende 1978 von Werner Tübke verfasste »künstlerische Konzeption« durch den Auftraggeber bestätigt; noch im September 1978 ist auch die Anlieferung der in Sursk in der Sowjetunion in nur einem Stück gewebten Leinwand erfolgt (Gesamtmaß 15 x 125 Meter)

1979–81 am 14. April 1979 Beginn der Ausführung der 1:10-Entwurfsfassung auf fünf Holztafeln im Format von je 139 x 244 Zentimeter (erst ockertonige Imprimitur, dann Vorzeichnung in Kohle und schließlich farbig angereicherte Hell-Dunkel-Untermalung in Ei-Tempera); Abschluss der Untermalung am 14. Januar 1981 (das Bildprogramm ist damit weitgehend verbindlich festgelegt); vom 24. April bis 19. November 1981 erfolgt die Übermalung der Entwurfsfassung mit Halbpasten und Lasuren in Harz-Öl, wobei mit Ausnahme der Figur Pirckheimers am Brunnen keine Änderungen mehr vorgenommen werden;

bereits am 20. Mai 1981 wird der in der Übermalung noch unvollendete Entwurf auf der Grundlage von Gutachten der Historiker Siegfried Hoyer und Manfred Bensing sowie des Kunsthistorikers Karl Max Kober vom Auftraggeber bestätigt

1982–83 zur Ausführung der Übertragungsarbeiten im Bildsaal des Panorama Museums und zur Gewinnung von geeigneten Malergehilfen treten Heinz Wagner und Gerhard Eichhorn (beide sind Professoren an der Hochschule für Grafik und Buchkunst in Leipzig) Werner Tübke zur Seite; Einarbeitung von insgesamt 15 meist jüngeren Malern (die in der Regel auch Absolventen der Leipziger Akademie sind) mit dem Ziel, eine absolut werkgetreue Übertragung der 1:10-Fassung auf das Endformat von 14 x 123 Meter zu gewährleisten, ohne dass stilistische Unterschiede zwischen den Ausführenden oder zur Handschrift von Werner Tübke sichtbar werden (die Frage nach Eigenem oder Fremdem stellt sich Tübke dabei nicht, denn – so der Maler in einem Interview – »unser Arbeitsplatz wird kein Atelier sein, sondern eine Baustelle, und Bauhüttengesinnung wird wachsen im Sinne der Aufgabe«); während Werner Tübke zur Klärung künstlerisch-technologischer Fragen, die sich bei einer zehnfachen Vergrößerung seines Urbildes in Alla-Prima-Technik ergeben, bis Mitte 1983 selbst verschiedene Motive im Format von 2 x 3 und 3 x 4 Meter ausführt, trainieren die Helfer den Stil des Meisters zunächst in großformatigen Kohlezeichnungen einzelner Bilddetails, dann in gleichfalls alla prima ausgeführten Ölfassungen im Maßstab 1:2 und 1:1, wobei die zur Übertragung der 1:10-Fassung entwickelte Projektionsmethode zur Anwendung kommt;

dazu war vom 12. April bis zum 8. Juni 1982 von Dietrich Wenzel und Helmut Felix Heinrichs (den beiden ersten Hilfsassistenten von Werner Tübke) eine detaillierte Konturzeichnung der 1:10-Fassung auf Folie entstanden, die fotografiert wurde, um einen der Abzüge in 900 gleich große Quadrate zu teilen, die schließlich zur Projektion des Figurenprogramms auf die endgültige Panorama-Leinwand dienen sollen; nachdem die Konturzeichnung beendet ist, erhält die 1:10-Fassung im Juli 1982 ihren Schlussfirnis; zur Unterstützung der Arbeit an der Endfassung des Gemäldes werden von Gerhard Murza (einem Berliner Fotografen) hochwertige Farbfotos vom Entwurf angefertigt;

noch im April / Mai 1982 wird die Leinwand im Panorama fadengerade zusammengenäht und an einem Stahlring von knapp 40 Meter Durchmesser frei im Bildsaal aufgehängt; die Grundierung erfolgt durch russische Spezialisten aus Podolsk in mehreren Schichten mit einer in ihrer Zusammensetzung geheim gehaltenen Emulsion im November / Dezember 1982;

vom 2. Februar bis 4. Mai 1983 wird die Konturzeichnung der 1:10-Fassung nach einer zuvor präzise berechneten Projektionsmethode mittels schnell trocknender Ei-Tempera (Umbra) von einem neunköpfigen Assistenten-Team passgenau auf die fertig präparierte Leinwand übertragen

1983–87 am 16. August 1983 Beginn der malerischen Ausführung der Endfassung im Bildsaal des Panorama Museums in Bad Frankenhausen (im linken oberen Zwickel des »Jüngsten Gerichtes«); bis zum Jahresende 1983 arbeitet Werner Tübke allein an der Leinwand, um eine ca. 150 Quadratmeter große Fläche als Vorlage für die nachziehenden Helfer fertig zu stellen;

ab Januar 1984 kommen schrittweise insgesamt 8 Helfer zur Unterstützung für Werner Tübke hinzu: Paul Eisel, Helmut Felix Heinrichs, Walter Heisig (alias Eisler), Andreas Katzy, Eberhard Lenk, Volker Pohlenz, Mathias Steier und Gert Weber;

Walter Heisig und Gert Weber scheiden bereits Ende 1984 wieder aus, Paul Eisel Anfang 1985; fälschlich werden daher oft nur die verbleibenden 5 Maler als Mitarbeiter genannt; Volker Pohlenz, Mathias Steier und Andreas Katzy beenden ihre Arbeit im Oktober 1985, Helmut Felix Heinrichs folgt wegen eines Augenleidens bald darauf im April 1986; lediglich Eberhard Lenk, der sich auch mit einem Selbstbildnis (als Mönch unter dem Galgen in der Felsenlandschaft) in das Bild eingefügt hat, bleibt bis zum Abschluss der Malarbeiten im Bildsaal mit an der Leinwand (sein Part endet am 9. September 1987);

am 11. September 1987 beendet auch Werner Tübke seine Arbeit an dem monumentalen Großauftrag; die Schlusssignatur setzt er zur feierlichen Übergabe seines Werkes an den Auftraggeber am 16. Oktober 1987 in die Mitte unter den Lebensbrunnen menschlicher Schöpferkraft im Bildteil mit der Schlacht; nach fast zwölf Jahren Schaffenszeit ist damit eines der größten Auftragsprojekte der Malerei in der neueren Kunstgeschichte vollendet, bei dem Werner Tübke annähernd die Hälfte der Endfassung auch selbst ausgeführt hat

1988–89 bauliche und technische Fertigstellung des Museums; am 14. September 1989 erfolgt im Rahmen der Feiern zur Thomas-Müntzer-Ehrung der DDR die Eröffnung des Museums (noch unter der Bezeichnung Bauernkriegs-Panorama) in Bad Frankenhausen; für das Publikum zugänglich ist es seit dem 19. September 1989

Literatur zu Maler und Werk (Auswahl)

Günter Meissner: Werner Tübke. E. A. Seemann Verlag, Leipzig 1974

Werner Tübke – Gemälde, Aquarelle, Druckgrafik, Zeichnungen. Hrsg. vom Ministerium für Kultur der DDR, dem Rat des Bezirkes Leipzig und den Staatliche Kunstsammlungen Dresden. Vorwort von Joachim Uhlitzsch, Einführung von Günter Meißner, Werkverzeichnis von K. Horst Schulze. Dresden, Leipzig, Berlin 1976 [Ausstellungskatalog mit Werkverzeichnis]

Irma Emmrich: Werner Tübke – Schöpfertum und Erbe. Edition Tusch, Wien 1976

Tübke – Malerei, Grafik, Zeichnung. Hrsg. von der Bauernkriegsgedenkstätte »Panorama« Bad Frankenhausen. Texte von Hermann Raum und Martin Beerbaum. Bad Frankenhausen 1979 [Ausstellungskatalog]

Hermann Raum: Aus der Tiefe der Geschichte. – in: Bildende Kunst. Heft 1/1980. – Seite 2–4

Karl Max Kober: teatrum mundi. Anmerkungen zu Werner Tübkes 1:10-Fassung »Frühbürgerliche Revolution in Deutschland«. – in: Bildende Kunst. Heft 5/1983. – Seite 246–251

Eduard Beaucamp: Werner Tübke – Arbeiterklasse und Intelligenz. Eine zeitgenössische Erprobung der Geschichte. Fischer Taschenbuch Verlag, Frankfurt a. Main 1985

Karl Max Kober: Reformation – Revolution. Panorama Frankenhausen. Monumentalbild von Werner Tübke. Verlag der Kunst, Dresden 1988

Karl Max Kober: Werner Tübke – Monumentalbild Frankenhausen. Verlag der Kunst, Dresden 1989

Günter Meissner: Werner Tübke – Leben und Werk. E. A. Seemann Verlag, Leipzig 1989 [Biografie]

Günter Meissner: theatrum mundi. Werner Tübke – Frühbürgerliche Revolution in Deutschland. Verlag der Kunst, Dresden 1989

Werner Tübke – Gemälde, Aquarelle, Zeichnungen, Lithografien. Texte von Günter Meißner, Irma Emmrich, Hermann Raum, Rainer Behrends und Eduard Beaucamp. Henschelverlag Kunst und Gesellschaft, Berlin 1989 [Ausstellungskatalog]

Werner Tübke – Das Graphische Werk 1950–1990. Bearbeitet von Brigitte Tübke, mit einer Einführung von Günter Meißner. Edition GS, Düsseldorf 1991 [Werkverzeichnis der Grafik, Bd. 1]

Werner Tübke: Ich fange mit dem Himmel an. Aquarelle und Texte. Büchergilde Gutenberg, Frankfurt am Main 1991 [autobiografischer Text, bearbeitet von Rolf Gerlach]

Günter Metken: Kunstgeschichte als Geistesgeschichte: Werner Tübkes Panorama. [Ästhetik: eine Kolumne] – in: Merkur. Deutsche Zeitschrift für europäisches Denken. Heft 5/1991. – Seite 425–435

Eduard Beaucamp: Zauberberg in Thüringen. Werner Tübkes Panoramagemälde über die Epoche der deutschen Bauernkriege. – in: Kritische Berichte. Zeitschrift für Kunst- und Kulturwissenschaften. Heft 2/1992. – Seite 47–58

Günter Meissner: Werner Tübke – Bauernkrieg und Weltgericht. Das Frankenhausener Monumentalbild einer Wendezeit. E. A. Seemann Verlag, Leipzig 1995

Bärbel Mann, Jörn Schütrumpf: Werner Tübke – Frühbürgerliche Revolution in Deutschland, Panorama auf dem Schlachtberg bei Bad Frankenhausen [mit einer ikonographischen Anmerkung von Sigrid Hippen]. – in: Auftrag: Kunst 1949–1990. Bildende Künstler in der DDR zwischen Ästhetik und Politik. Hrsg. von Monika Flacke. Deutsches Historisches Museum, Berlin 1995. – Seite 369–382 [Ausstellungskatalog]

Gerd Lindner, Michael Wollenheit: Werner Tübke – Frühbürgerliche Revolution in Deutschland. Panorama Museum, Bad Frankenhausen 1996 [Textheft zu einer Bildserie]

Werner Tübke – Das malerische Werk: Verzeichnis der Gemälde 1976 bis 1999. Hrsg. von Brigitte Tübke-Schellenberger und Gerd Lindner. Mit Beiträgen von Martin Mosebach, Gerd Lindner, Eduard Beaucamp, Günter Meißner, Johanna Brade und Florian Illies. Verlag der Kunst, Dresden 1999 [Werkverzeichnis]

Werner Tübke – Das Graphische Werk 1991–2002. Bearbeitet von Brigitte Tübke. Edition GS, Düsseldorf 2002 [Werkverzeichnis der Grafik, Bd. 2]

Gerd Lindner: Der entwendete Auftrag. Zur Entstehungsgeschichte und Konzeption des Panoramas zu Bad Frankenhausen. – in: Die Welt der Panoramen. Zehn Jahre Internationale Panorama Konferenzen. Hrsg. von Gabriele Koller in Zusammenarbeit mit Gebhard Streicher. SPA Stiftung Panorama Altötting, Verlag Koch-Schmidt-Wilhelm GbR, Amberg 2003. – Seite 104–111 [Sammelband]

Werner Tübke – Faszination Mittelmeer. Hrsg. von Gerd Lindner. Mit Beiträgen von Flavio Arensi, Liane Kotsch, Eduard Beaucamp, Gerd Lindner, Marco Di Capua und Sebastian Preuss sowie Textdokumenten von Roberto Tassi, Eduard Beaucamp, Günter Meißner und Ursula Bode. Panorama Museum, Bad Frankenhausen 2004 [Ausstellungskatalog]

Eduard Beaucamp: Werner Tübke – Meisterblätter. Hrsg. von Herwig Guratzsch, Stiftung Schleswig-Holsteinische Landesmuseen Schloss Gottorf. Prestel Verlag, München, Berlin, London, New York 2004 [Ausstellungskatalog]

Werner Tübke – Letzter Besuch im Atelier. Werkverzeichnis der Gemälde 1999–2004. Edition Galerie Schwind, Frankfurt am Main 2004 [Ausstellungskatalog mit Werkverzeichnis]

Harald Behrendt: Werner Tübkes Panoramabild in Bad Frankenhausen. Zwischen staatlichem Prestigeprojekt und künstlerischem Selbstauftrag. Verlag Ludwig, Kiel 2006

Werner Tübkes »Arbeiterklasse und Intelligenz«. Studien zu Kontext, Genese und Rezeption. Hrsg. von Rudolf Hiller von Gaertringen. Michael Imhof Verlag, Petersberg 2006

Der Zellerfelder Flügelaltar von Werner Tübke und seine Vorarbeiten. Hrsg. von Hasso von Poser. Mit Beiträgen von Hasso von Poser, Eduard Lohse, Gerd Lindner, Johanna Brade und Rudolf Kober. Panorama Museum, Bad Frankenhausen 2007

Tübke. Die Retrospektive zum 80. Geburtstag. Hrsg. von Hans-Werner Schmidt. E. A. Seemann Verlag, Leipzig 2009